MI TÍO NO SE LLAMA SAM

ESTADOS UNIDOS EN LA GRÁFICA CUBANA

Alfons González Quesada

Primera edición

Producción y edición
Casa Amèrica Catalunya
Editorial RM

Fotografías
© 2016

Fondo Editora Política del Partido
Comunista de Cuba
Archivo Alfons González

Alfons González agradece la colaboración de Àngels Jiménez, Patrícia Lázaro y Pablo González quienes proporcionaron material fotográfico presente en esta edición.

© Textos
Alfons González Quesada
Antoni Traveria Celda

Diseño
Andreu Balius
Ricard García

Traducción
Gregory Dechant

Coordinación
Lea Tyrallová

Fotomecánica e impresión
Nova Era Publications

Comisarios de exposición
Alfons González Quesada
Marta Nin i Camps

© 2016

RM VERLAG, S. L. C/Loreto 13-15 Local B
08029, Barcelona, España

© 2016
Editorial RM, S. A. de C. V.
Río Pánuco 141. Col. Cuauhtémoc
06500, México, D. F., México

ISBN RM Verlag: 978-84-16282-70-8
Depósito Legal: B.10962-2016

#271

© 2016 Casa Amèrica Catalunya

Fundació Casa Amèrica Catalunya
C/Còrsega, 299, entresuelo
08008 Barcelona, Espanya
americat@americat.cat

ISBN 978-84-85736-65-2

www.editorialrm.com
www.americat.cat

Impreso en España
Mayo, 2016
Tirada de 2.500 ejemplares

RM

Casa **Amèrica Catalunya**

Con la colaboración de:

cooperación
española

MI TÍO NO SE LLAMA SAM

ESTADOS UNIDOS EN LA GRÁFICA CUBANA

Alfons González Quesada

El riguroso trabajo de investigación del doctor Alfons González Quesada es mucho más que el catálogo que acompaña una exposición. Sus páginas, sus imágenes, retratan la permanencia de un discurso siempre beligerante, sin tregua alguna, cargado de simbolismos. A través de la propaganda política cubana activada desde 1959 se pueden descifrar con nitidez las definiciones ideológicas que han conformado las bases de sostenimiento de los gobiernos de Fidel Castro, hasta agosto de 2006 cuando delegó entonces sus funciones en su hermano Raúl Castro. Los habitantes de la isla caribeña han sido los destinatarios de las creativas campañas publicitarias de la Revolución, pensadas para fortificar el ideario y la subsistencia de la misma. Muchos de esos mensajes, de los lemas generados en estos largos años, tenían como destinatario único final al permanente enemigo exterior norteamericano.

Fue un 10 de marzo de 1952 cuando Fulgencio Batista dio un golpe de Estado militar con el apoyo de los Estados Unidos. Se inició entonces una dictadura con los ingredientes clásicos del manual del autoritarismo: represión, torturas, muerte y corrupción institucionalizada. Al amanecer del 26 de de julio de 1953, 150 jóvenes se decidieron a atacar los cuarteles de Carlos Manuel Céspedes, en Bayano, y el de Moncada, en Santiago de Cuba. Aunque Fidel Castro Ruz fracasó en la estrategia militar de ambos asaltos —murieron 52 guerrilleros y otros 18 fueron encarcelados, entre ellos los hermanos Castro— obtuvo una victoria política que le serviría para darse a conocer en toda la isla durante los juicios a los detenidos, iniciados el 21 de septiembre.

El Caribe sufría en la década de los cincuenta la consolidación de dictaduras como la de François Duvalier, en Haití, al que sucedería su hijo Jean-Claude a partir de 1971, o el del sanguinario "Generalísimo" Leónidas Trujillo, en República Dominicana. En Guatemala, en 1954, el presidente elegido Jacobo Arbenz

Guzmán, sería derrocado en una operación diseñada por la CIA. En Colombia, golpe militar en 1953. Un año más tarde en Paraguay, con el golpe militar de Alfredo Stroessner, que permanecería en el poder hasta 1989. En Argentina, el derrocamiento de Juan Domingo Perón en 1955. En Honduras en 1956, con la asunción del poder por parte de una junta militar y en Venezuela dos años más tarde, otra junta militar depuso al dictador Marcos Pérez Jiménez. Una década marcada por una escalada de tensión en la denominada *Guerra Fría*, entre las dos superpotencias surgidas del final de la segunda Guerra Mundial en 1945.

El punto de inflexión, de reencuentro en 55 años de permanente conflicto, se produjo, no sin cierta sorpresa, con el anuncio del restablecimiento de las relaciones diplomáticas entre Estados Unidos y Cuba el miércoles 17 de diciembre de 2014, cuando los presidentes Barack Obama y Raúl Castro transmitían en el mismo instante, desde Washington y La Habana, el inicio del deshielo, el principio del final de la Guerra Fría en América. Por una vez, la discreción política y diplomática de los distintos interlocutores, sin filtraciones, logró el objetivo de un acuerdo largamente anhelado por muchos. Llegaría tiempo después, el 21 de marzo de 2016, el momento en el que Barack Obama aterrizaba en la isla elevando el perfil del acuerdo a la categoría de irreversible. Habían tenido que transcurrir 88 años desde la última visita del trigésimo presidente de Estados Unidos a Cuba. John Calvin Coolidge, lo hizo un 15 de julio de 1928.

Es en este nuevo contexto abierto en las relaciones entre Estados Unidos y Cuba que la Fundación Casa Amèrica Catalunya se propuso trabajar de nuevo con el profesor Alfons González Quesada con la intención de seleccionar, en esta ocasión, aquellos mensajes específicos dedicados a Estados Unidos, lanzados desde la propaganda oficial cubana[1].

Mi tío no se llama Sam. Estados Unidos en la gráfica cubana es un fiel y objetivo reflejo del elevado grado de tensión y enfrentamiento verbal alcanzados en esta colisión entre Cuba y EE.UU. Las vallas publicitarias, de agitación y propaganda, que han acompañado el paisaje de la isla durante décadas están destinadas a desaparecer, a formar parte de la historia del conflicto. Hemos creído

1. Ya en 2009, al cumplirse el cincuenta aniversario del triunfo de la Revolución, Casa Amèrica editó un catálogo y realizó una ambiciosa exposición con una masiva asistencia de público en el Museo Marítimo de Barcelona que llevaba por título: "Vaya valla, gráfica revolucionaria cubana" con la investigación del profesor Alfons González Quesada.

oportuno desde la Casa, mostrarlas precisamente ahora, y a partir de ellas, acompañarlas con un ciclo de debates y conferencias que acerquen la vieja y la nueva realidad de un futuro lleno de esperanza.

Nuestro agradecimiento especial por su colaboración y apoyo a este proyecto a la Editorial RM y a los hermanos Javier y Ramón Reverté, así como a la Dirección de Relaciones Culturales y Científicas de la Agencia Española de Cooperación Internacional al Desarrollo (AECID).

Antoni Traveria
Director General Casa Amèrica Catalunya

Introducción

A finales de 2008, a punto de celebrarse el 50 aniversario de la Revolución y a pocos días de la toma de posesión de Barack Obama, se retiran las vallas que hay frente a la Oficina de Intereses de Estados Unidos, su representación diplomática en la isla. Durante cerca de 30 años, aquel enorme edificio en el malecón habanero ha sido testimonio de la creatividad y contundencia de los diseñadores cubanos a la hora de denunciar la política de Washington contra Cuba. Echar un vistazo al contenido de sus mensajes es una buena manera de conocer la temperatura de las relaciones entre ambos países. La retirada de las vallas también encierra un mensaje: es un gesto de buena voluntad hacia el nuevo inquilino de la Casa Blanca. Hoy el mensaje perdura. Ninguna otra valla contra Estados Unidos se ha levantado en el malecón.

La Revolución que triunfó en 1959 buscaba deshacerse del dominio semicolonial de Estados Unidos. Conviene recordar que hasta 1934 la constitución de Cuba concedía a Washington el derecho a intervenir en el país para proteger sus intereses, y que en vísperas de la Revolución los principales sectores de su economía estaban en manos de empresas norteamericanas. Con estos antecedentes, la conquista de la plena soberanía solo podía conducir a la confrontación. Esa confrontación ha condicionado la realidad cubana hasta tal punto que ha conformado uno de los núcleos temáticos de su propaganda. Durante más de medio siglo, vallas y carteles han explicado los diferentes episodios del conflicto y han reservado un espacio a la representación del enemigo, convirtiéndolo en uno de los principales elementos del imaginario de la Revolución. El enemigo no es el pueblo de Estados Unidos, como siempre han recalcado las autoridades cubanas, sino su gobierno y los resortes con los que impone su hegemonía (poder militar y económico, control mediático, servicios secretos...). 'Invasor', 'mercenario', 'terrorismo', 'bloqueo', 'genocidio', 'imperialismo' son algunas de las referencias textuales que la gráfica mural ha utilizado para identificar a Estados Unidos. En el terreno visual no es menor la diversidad: el águila imperial, la bandera norteamericana, el dólar, sus presidentes, aunque, sin duda, el referente más usual ha sido su símbolo nacional: el Tío Sam. Vallas y carteles han reflejado la pugna entre hegemonía y soberanía; entre el afán de Washington por destruir la Revolución y la decidida tenacidad de Cuba por resistir. Caricatura, insulto, denuncia, condena, amenaza son algunas de las estrategias discursivas para reafirmar la superioridad de los valores y principios revolucionarios y, en definitiva, para transmitir confianza en la victoria.

El restablecimiento de relaciones diplomáticas y la visita de Obama a Cuba ponen fin a uno de los últimos frentes de la Guerra Fría. Más allá de las consecuencias políticas y económicas que este hecho entrañe, probablemente suponen el punto y final para ciertos contenidos propagandísticos. *Mi tío no se llama Sam* pretende explicar la evolución del discurso que la propaganda cubana ha elaborado sobre los temas y episodios que han marcado la relación entre Cuba y Estados Unidos desde 1959. El libro incluye imágenes de vallas y carteles, organizadas cronológicamente y precedidas de una breve introducción para hacer comprensible su contexto y significación. El material gráfico procede del archivo de la Editora Política del Partido Comunista de Cuba, con la que el autor mantiene un convenio de colaboración para preservar, estudiar y divulgar su patrimonio documental, así como de su colección particular.

60's · Esta vez los mambises sí entraron en Santiago

'Esta vez los mambises sí entraron en Santiago'. Con esta velada alusión a Estados Unidos anuncia Fidel Castro el triunfo de la Revolución. En 1898, consumada la derrota española, los norteamericanos impidieron a los mambises del general Calixto García entrar en Santiago y hacerse con la victoria. Como entonces, Washington ha querido decidir el futuro de la isla maniobrando hasta el último momento para salvar el régimen de Batista y evitar que Castro llegue al poder. Pero cuando el 2 de enero de 1959, desde el balcón del ayuntamiento de Santiago, Castro habla del triunfo de los nuevos mambises, los cubanos saben que la tutela del vecino del Norte toca a su fin. Entre los primeros síntomas del cambio está la salida de la misión militar norteamericana, los asesores que debían ayudar a las tropas de Batista a vencer a las columnas guerrilleras. ¿De qué sirven si aquel ejército ha sido vencido y disuelto?

El paso hacia la soberanía es firme. Nacionalizaciones, reforma agraria y expropiaciones de las grandes propiedades agrícolas, muchas en manos norteamericanas, alarman a la Casa Blanca que responde suprimiendo inversiones y la compra de azúcar. Si el cerco económico no es suficiente, queda el sabotaje. El más sonado, el de marzo de 1960, cuando el mercante *La Coubre*, cargado con armas y municiones, explota en el puerto de La Habana. El entierro del centenar de víctimas proporciona dos elementos que la gráfica mural empleará en adelante: la consigna de Castro '¡Patria o Muerte!' y la fotografía que hará del Che un icono global.

El 3 de enero de 1961 la tensión aumenta. Los dos vecinos rompen relaciones diplomáticas. La Habana ha establecido lazos estrechos con Moscú. Ahora es el comprador del azúcar que Washington ha rechazado y un socio que va a proveer a la isla de armamento, asesores y tecnología. La Casa Blanca no se queda de brazos cruzados mientras la sucursal caribeña del Kremlin toma cuerpo. El 15 de abril, aviones estadounidenses con bandera cubana bombardean aeropuertos militares del país. Es el preludio de una invasión. Al día siguiente, Fidel Castro acusa a Estados Unidos de la agresión y proclama el carácter socialista de la Revolución. Kennedy ejecuta un plan, encargado a la CIA por Eisenhower, su predecesor, que debe culminar con el desembarco en playa Girón de un cuerpo expedicionario formado por exiliados cubanos. En el terreno que controlen se constituirá un gobierno provisional que obtendrá el reconocimiento de Washington y su apoyo, en forma de intervención militar. Se confía en que el pueblo y el ejército se subleven. Pero la aviación cubana cambia el guión. El desembarco se realiza bajo un intenso ataque aéreo que deja fuera de combate a los buques que transportaban equipo y municiones para el contingente que está en tierra. La negativa de Kennedy a autorizar la intervención de los marines sella el fracaso de la invasión. La victoria de Girón se incorpora al calendario de celebraciones revolucionarias y la gráfica mural va a contribuir de forma generosa. Carteles y vallas insisten en señalar que detrás de las tropas mercenarias estaba la mano de Washington. *La primera derrota del imperialismo en América* [18, 21] será lema recurrente en la propaganda sobre este episodio.

La fotografía, que deja testimonio de aquellos días, proporciona las imágenes que inspirarán nuevos diseños. Una de las más conocidas es de Mario Collado. La instantánea capta el momento en que Fidel Castro desciende de un tanque. La imagen se usa por primera vez en el cartel del sexto aniversario de la victoria [19]. Otras, no menos emblemáticas, son la del carguero *Houston*, encallado en la bahía y humeante tras ser alcanzado por el fuego cubano, o la que muestra las columnas de mercenarios apresados. Ambas imágenes serán el núcleo de futuros diseños para conmemorar la derrota norteamericana.

Kennedy no ceja en su empeño de acabar con el régimen cubano y su líder. Pronto planifica la Operación Mangosta, nombre en clave de las operaciones encubiertas de la CIA. En el terreno diplomático consigue que la OEA expulse a Cuba de su organización para aislarla del resto del continente. El asedio se completa en febrero de 1962, cuando Kennedy establece el bloqueo económico, comercial y financiero. A partir de entonces, ninguna empresa estadounidense puede comerciar con Cuba. Como se verá, el bloqueo ocupará un lugar destacado en la propaganda.

La gráfica sobre Girón está cargada de retórica bélica. *¡Muerte al invasor!* [9] y *¡Aniquilar al enemigo!* [10] dan cuenta de la contundencia verbal de las composiciones de la época, prolongada en la agresividad visual de las figuras humanas. Otro ejemplo sobresaliente es el cartel de Forjans *¡Donde asome quedará!* [16], en el que un fusil empuñado por un brazo robusto apunta al Tío Sam, que amenaza en la distancia. El discurso surgido a partir de Girón va a tener continuidad en los diseños de la Crisis de los Misiles de octubre de 1962. Pero antes de hablar de aquel episodio conviene reseñar la Campaña de Alfabetización.

A finales de 1961 la Revolución cumple la promesa que Fidel Castro había hecho en la ONU de erradicar el analfabetismo en un año. Los cubanos se movilizan de forma masiva: más de 300 mil voluntarios, estudiantes la mayoría, enseñan a leer a cerca de 700 mil compatriotas. La campaña se desarrolla por todo el país. Nada frena su marcha, ni Girón, ni los actos de terrorismo con los que se quiere amedrentar a los jóvenes maestros. En homenaje al primer voluntario asesinado, las brigadas alfabetizadoras llevan el nombre de Conrado Benítez. *¡Contra el imperialismo yanqui, alfabetiza!* [8] es la consigna del cartel central de la campaña en el que un alfabetizador hiere mortalmente un águila imperial con su lápiz. El simbolismo de la composición no es ajeno a la confrontación entre Cuba y Estados Unidos. Lo más singular es que a partir de ahora, la propaganda interpretará las conquistas sociales, políticas y económicas de la Revolución no solo como victorias de Cuba, sino como derrotas de su enemigo.

Volvamos a la crisis de octubre de 1962. Cuba se ha situado definitivamente en la órbita soviética y busca en el escudo del armamento nuclear de la URSS disuadir a Washington de una nueva invasión. Para Moscú, la instalación de sus misiles en la isla contrarrestan a los norteamericanos que apuntan al Kremlin desde Turquía. La geografía hace de Cuba una pieza vital en el tablero donde las dos superpotencias juegan la partida de la Guerra Fría. Kennedy, alertado por las evidencias de que se construyen rampas de lanzamiento para cohetes, declara el bloqueo naval de la isla para evitar que reciba armamento nuclear. Durante dos semanas el mundo está al borde de una guerra atómica, hasta que Kennedy y Krushev resuelven la crisis. Moscú no consulta con La Habana la decisión de retirar sus misiles. Desairados, miles de cubanos corean en las calles "Nikita mariquita, lo que se da no se quita". El tono es bien distinto del que han reflejado los carteles diseñados durante los días que se creyó que la isla sería el campo de batalla de la Tercera Guerra Mundial. La experiencia de Girón había demostrado la necesidad de disponer de 'carteles de prevención', diseños producidos en tiempo de paz que respondan a la contingencia de cualquier agresión externa e insten a la población a combatir, defender la patria y mantener la unidad. *En pie de guerra* [12, 13] y *¡Alerta!* [14] inundan las calles durante la Crisis de los Misiles, junto a otras composiciones que ven la luz en aquellos días, como las de Quintana: *Todos somos uno* [7] y *¡A las armas!* [15]. Todas ellas comparten mensajes concisos y apremiantes, y utilizan tipografía de grandes dimensiones.

De acuerdo con su vocación antiimperialista, Cuba pone en práctica uno de los principios de su política hacia el Tercer Mundo: el internacionalismo. Y lo hace desde el apoyo político y militar a los movimientos de liberación nacional y la asistencia civil en educación y salud. En 1965, Cuba hace un llamamiento a los pueblos de Latinoamérica, África y Asia para combatir el imperialismo, y los invita a la Conferencia Tricontinental, celebrada en La Habana en 1966, donde se funda la Organización Latinoamericana de Solidaridad (OLAS) con el objetivo de coordinar las luchas de diversos movimientos de izquierda contra el capitalismo. Son los años de la consigna del Che de 'crear dos, tres, muchos Vietnam', y de las campañas de solidaridad con los países del sudeste asiático que resisten la agresión de Estados Unidos. La solidaridad tricontinental y la denuncia del imperialismo también tienen su gráfica y los mejores exponentes son las composiciones de la Organización de Solidaridad de los Pueblos de África, Asia y América Latina (OSPAAAL) y de la Organización Continental

Latinoamericana de Estudiantes (OCLAE). Ejemplo de la primera es la obra de Mederos *Semana de solidaridad con Viet Nam* [22], donde señala la fuerza de la resistencia del pueblo vietnamita a través de la maltrecha chistera del Tío Sam. El diseño de Belaguer para OCLAE, *Jornada continental de apoyo a Viet Nam, Cambodia y Laos* [23] tiene como protagonista al presidente Nixon, responsable del recrudecimiento del conflicto en la región y de las miles de víctimas que, según el cartel, se acumulan en su conciencia. No es la primera vez que una composición alude a un presidente norteamericano. Antes de Girón había circulado *Alto...Mr Kennedy, Cuba no está sola*, que dejaba constancia de la disposición soviética a ayudar a Cuba en caso de agresión. También Lyndon B. Johnson aparece en un cartel de Alfredo Rostgaard para el documental cinematográfico *Hanoi, martes 13.* En este caso, las dos bombas que caen sobre Vietnam tienen el rostro del presidente.

70's · Combatiendo al enemigo

Después de más de diez años de proceso revolucionario, el discurso de la gráfica cubana se ha instalado en la retórica de la confrontación. *Cuba está combatiendo al enemigo* [25]. Las agresiones que sufre la isla no cesan como sugiere el cartel *Podrán hundir nuestros barcos, pero no nuestra conciencia* [24], de 1970. Por esas fechas, Alpha 66, un grupo terrorista radicado en Miami, ha hundido dos embarcaciones de la flota pesquera cubana. Pero el golpe más duro está por llegar.

En un contexto de confrontación, Girón se recuerda con una violencia gráfica demoledora. El aniquilamiento del enemigo se resume en la calavera desdentada de un combatiente [32], la mano cercenada de un mercenario [35], o la cabeza de la Estatua de la Libertad ensartada en una bayoneta [36]. Girón es también el triunfo que ha de permitir transformar de manera radical el país, como explica *Derrotados los yankis construiremos una patria diez veces más hermosa* [26]. Detrás de la alusión a Girón se esconde otro mensaje. La referencia al 'diez' no es casual si se piensa cuándo se edita la obra, 1970. El año de la zafra de los diez millones.

Cuba es el azucarero del mundo y, hasta la Revolución, el principal abastecedor de azúcar de Estados Unidos. La pérdida del mercado norteamericano tras la nacionalización de todos los centrales no ha sido tan grave para la industria del azúcar como el bloqueo, que impide adquirir repuestos para los ingenios y reduce su producción por debajo de los cinco millones de toneladas de 1958. Sin embargo, el gobierno confía en que el azúcar será la palanca que hará salir a Cuba del subdesarrollo. Una zafra extraordinaria permitirá obtener excedentes con los que obtener las divisas para impulsar la industrialización del país y diversificar su economía. Una cosecha espectacular de diez millones de toneladas es la que se quiere para 1970. '¡Los diez millones, van!' es la consigna que los cientos de miles de voluntarios que participan en la zafra leen en vallas y carteles. El éxito de la zafra, como el éxito de la alfabetización, será un nuevo revés para el enemigo. De ahí, la consigna del cartel *¡Los diez millones, bang!* [27], con la bandera de Estados Unidos hecha añicos. Pero el *¡bang!* solo queda en deseo. A pesar de todos los esfuerzos y de la práctica paralización del resto de sectores industriales, se alcanzan poco más de ocho millones de toneladas.

La lucha contra el enemigo se dirime en frentes muy diversos, porque el enemigo es el mismo aunque adopte formas distintas. Y una de ellas es la hegemonía cultural, la ideología. OCLAE (Organización Continental Latinoamericana y Caribeña de Estudiantes), creada en 1966 en La Habana, la capital en esos años de la lucha antiimperialista en el Tercer Mundo, tiene entre sus objetivos combatir la penetración ideológica del imperialismo en el mundo académico, y se sirve de la gráfica para darlos a conocer. Sus carteles para las jornadas *Contra la penetración imperialista en las universidades* [28, 29] siempre identifican al enemigo con Estados Unidos. Unas veces a través del águila imperial que sobrevuela la universidad, otras mediante el poder económico que manipula el discurso académico.

Se aludía antes al golpe más duro que recibe Cuba en estos años. Este se produce el 6 de octubre de 1976, cuando poco después de despegar del aeropuerto de Barbados dos artefactos explotan en un DC-8 de Cubana de Aviación y mueren las 73 personas que viajan a bordo. Dos pasajeros venezolanos que desembarcaron cuando el avión hizo escala son los autores materiales del atentado. En su interrogatorio acusan a Luis Posada Carriles y Orlando Bosch de planearlo. La policía encuentra pruebas que confirman la acusación y, casi al mismo tiempo, el FBI sabe que el golpe es obra del CORU (Comando de Organizaciones Revolucionarias Unidas), grupo anticastrista al frente del cual están Posada y Bosch, dos cubanos que, además de compartir un dilatado historial

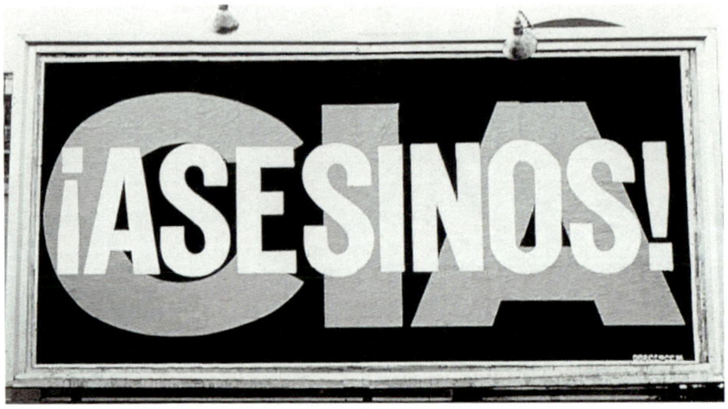

1
CIA. ¡Asesinos!
DOR, 1976

de sabotajes y acciones terroristas, son exagentes de la CIA. Al día siguiente, las autoridades venezolanas los arrestan en Caracas. Su juicio se dilata durante años. En 1985 Posada Carriles logra fugarse de la cárcel. Misteriosamente Orlando Bosch es absuelto dos años después y deportado a Estados Unidos, donde en 1990 el presidente George Bush padre lo indulta. (Conviene recordar que en 1976 era el director de la CIA).

Pocos días después del atentado, cientos de miles de personas abarrotan la Plaza de la Revolución de La Habana para despedir a las víctimas. En su discurso Fidel Castro acusa a la CIA de estar detrás del crimen. Dos vallas aparecen en aquellas fechas para referirse al atentado. En ambas la ausencia de elementos icónicos realza el texto sobre fondo negro: *¡CIA asesinos!* [*1*] y *Cuando un pueblo enérgico y viril llora, la injusticia tiembla.* Esta última frase se toma del discurso de Castro y se reutilizará en el futuro, cuando la gráfica cubana dedique otro capítulo a Posada Carriles [78].

El conflicto de Vietnam sigue en la agenda propagandística, que alterna la solidaridad con los pueblos que sufren la agresión norteamericana con la denuncia de Nixon como criminal de guerra. Identificar a Nixon con Hitler es la estrategia que aplica Álvarez en su cartel [39] para acusar de genocida al presidente norteamericano. La esvástica que acompaña a ambos personajes refuerza el mensaje. La prensa de la época también ha incorporado el símbolo nazi para ahondar en la demonización de Nixon, de manera que la equis de su apellido se ha cambiado para siempre por la esvástica. Es una práctica que más adelante empleará esporádicamente la gráfica mural cuando retrate al presidente Bush hijo.

Dos años después del triunfo revolucionario, Cuba había participado en la fundación del Movimiento de Países No Alineados. La organización nace a raíz de la quiebra del sistema colonial y se opone a cualquier tipo de dominación o injerencia extranjera. En 1979, Castro es el presidente del Movimiento y Cuba la anfitriona de su VI Cumbre. La propaganda no deja escapar la oportunidad de un evento de magnitud internacional para exigir que *cese la opresión del imperialismo yanqui en América Latina* [45, 46]. Pero las luchas anticoloniales hacen imposible que el Movimiento se sustraiga a la dinámica de la Guerra Fría. La supuesta equidistancia que debía mantener entre las dos superpotencias se desvanece, especialmente cuando Cuba lidera la organización. Desde 1975 tropas cubanas combaten en Angola y la política exterior de La Habana es fiel a Moscú. Todo ello le vale la acusación de ser un peón en el Tercer Mundo al servicio del Kremlin. En esa clave conviene interpretar las composiciones dedicadas a denunciar la agresión de China a Vietnam. La política de bloques queda perfectamente delineada en el conflicto. A finales de 1978, Vietnam, aliado soviético, ocupa Camboya para poner fin al régimen genocida de los jemeres rojos, y Beijing, que lo ampara, responde con la invasión del territorio vietnamita. En los carteles cubanos sobre esta guerra olvidada destaca un elemento: la presencia del anagrama de Estados Unidos [44]. Cuba no solo denuncia la agresión china, también el apoyo y la connivencia de la Casa Blanca con su aliado comunista para frenar el expansionismo del enemigo común en la región, la URSS.

80's · ¡Que se vayan!

El 1 de abril de 1980 seis individuos estrellan un autobús contra la verja de la embajada del Perú en La Habana. Irrumpen en el edificio y solicitan asilo político. Cuando las autoridades peruanas acceden a la petición, Cuba retira el personal que protege el acceso al recinto y, en pocos días, más de diez mil personas ocupan la embajada. Quieren abandonar el país. El episodio refleja el malestar de una parte de la población, pero en el trasfondo del asunto está la política migratoria de Estados Unidos con Cuba. Desde que en 1966 el Congreso norteamericano aprobó la Ley de Ajuste Cubano para regularizar la situación de quienes huyeron de la Revolución, Washington ha restringido las vías de entrada legal desde Cuba, al tiempo que otorga residencia, prestaciones sociales y la condición de refugiado político a cualquier cubano que llegue a Estados Unidos. Toda una invitación para salir de la isla de manera ilegal.

Cuando La Habana decide abrir el puerto de Mariel para todo el que quiera marchar, la comunidad cubana de Florida establece un puente marítimo, conocido como 'Flotilla de la Libertad'. La Administración Carter se opone al traslado de refugiados porque teme una avalancha migratoria, pero acaba cediendo ante los hechos consumados. En cuatro meses más de 120.000 personas llegan a

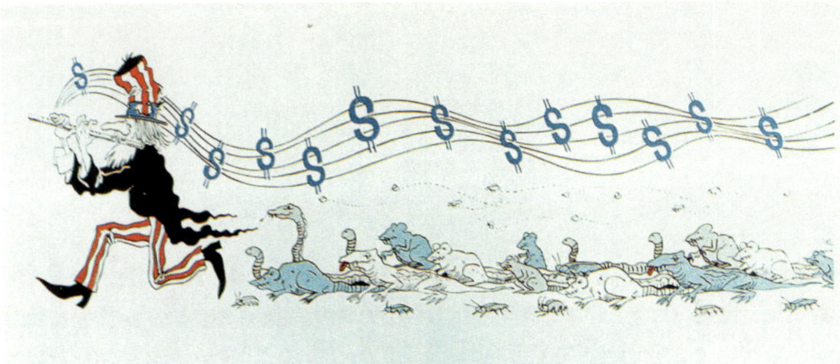

2
[Tío Sam flautista]
DOR, 1980

Florida. En Cuba, la multitud que el Primero de Mayo desfila por La Habana muestra su adhesión a la Revolución, a la vez que repudia a quienes abandonan la isla. El discurso gráfico estigmatiza a los 'marielitos' mediante el insulto. Los acusa de escoria, delincuentes y antisociales, y aunque el foco de los ataques se concentre en los cubanos que rompen con la Revolución, Estados Unidos también recibe su parte. '¡Que se vayan!' es el grito de aquellos días que pronto aparece en vallas y carteles. En uno de ellos [48] los 'marielitos' son ratas y chinches que pululan entre la inmundicia de un cubo de basura, cuyos colores y la presencia del símbolo del dólar representan a Estados Unidos, el destino de los que dejan el país. El linchamiento simbólico se repite en una valla sin título donde el Tío Sam, como el flautista de Hamelín, limpia Cuba llevándose consigo todo tipo alimañas atraídas por la melodía del dinero [*2*].

Mientras la crisis de Mariel está en su punto álgido, Washington tiene previsto realizar unas maniobras frente a las costas de Cuba, con desembarco en la base naval de Guantánamo incluido. La Habana protesta por lo que considera una provocación y pone en alerta a sus tropas. 'Fidel aprieta que a Cuba se respeta' [53] y 'Fidel seguro a los yankis dale duro' [55] son dos de las consignas que se corean para celebrar el anuncio de la suspensión de las maniobras.

Meses después de que finalice el éxodo de Mariel, ya en 1981, se desata una epidemia de dengue hemorrágico. Los primeros casos aparecen simultáneamente en localidades muy distantes entre sí y en pocas semanas mueren más de 150 personas. La Habana señala a Estados Unidos como responsable de haber introducido el virus infeccioso en la isla. Vallas y carteles repiten la acusación con un diseño en el que el mosquito del dengue se superpone al anagrama de la CIA bajo la contundencia del lema 'Lo erradicaremos' [*3*].

El republicano Ronald Reagan ocupa la Casa Blanca desde 1981 decidido a combatir la amenaza comunista en todo el mundo. La gráfica responde con una caricatura que muestra al Tío Sam huyendo despavorido a punta de bayoneta y con una frase que hará fortuna en otros diseños: *No les tenemos absolutamente ningún miedo* [56]. Pero la hostilidad de Estados Unidos hacia Nicaragua y

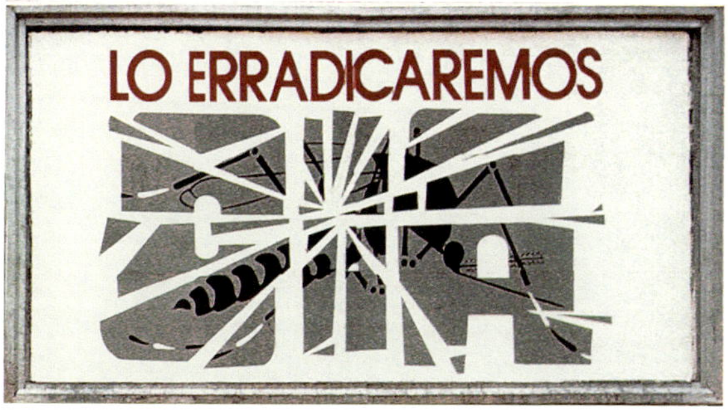

3
Lo erradicaremos
DOR, 1981

Granada, aliados cubanos en la región, persuaden a La Habana de la posibilidad de una agresión a gran escala. De producirse, la propaganda da por segura la destrucción del enemigo. *No pasarán* [57], *Los haremos morder el polvo de la derrota* [65], *Palmo a palmo defenderemos esta tierra* [60]. Los lemas recuerdan a los tiempos de la Crisis de los Misiles, aunque en algunos casos los motivos se han renovado. El retorno a la retórica bélica de las composiciones de la época está en consonancia con la denominada 'Guerra de todo el pueblo', la nueva estrategia defensiva que ha debido diseñar Cuba desde que el Kremlin ha renunciado a intervenir en la isla en caso de invasión.

El preludio de lo que puede ser el ataque a Cuba se produce en octubre de 1983, cuando Estados Unidos invade la isla de Granada. Marines y cubanos, en su mayoría obreros que trabajan en la construcción de un aeropuerto para la capital, luchan por primera vez desde el triunfo de la Revolución. La salvaguarda de la estabilidad del país y la protección de ciudadanos norteamericanos son el pretexto de Washington para intervenir y acabar con el régimen procomunista de la isla. La imagen del Tío Sam con las manos cortadas y el eslogan *¡Manos yankis fuera de América Central y del Caribe!* [59, 58] resumen la denuncia cubana del intervencionismo norteamericano en la región. Un ejercicio propagandístico que se repetirá a finales de 1989 con la invasión de Panamá.

Cuba también denuncia otras formas de violencia, como el endeudamiento del Tercer Mundo, que subordina su desarrollo a los intereses de las grandes potencias. Cuando a mediados de los 80 varios países latinoamericanos se declaran insolventes, La Habana trata de crear un frente común para obtener una moratoria indefinida del pago de la deuda, pero ningún gobierno se adhiere, desoyendo las movilizaciones y campañas populares contra las medidas de ajuste propuestas por el FMI y el Banco Mundial. En el cartel *Unidad frente a la deuda externa* [63] el dólar estadounidense es el referente que alude al expolio que sufren los países latinoamericanos.

90's · Con este pueblo no se juega

Otra forma de guerra contra Cuba comienza en 1985 cuando la Administración Reagan crea Radio Martí. Washington financia la emisora y la pone en manos de la Fundación Nacional Cubano Americana, que desde su fundación, en 1981, no ha ocultado su propósito de acabar con la Revolución. Con Radio Martí y emitiendo desde Miami, pretende inundar Cuba con propaganda anticastrista y contrarrestar el monopolio informativo del gobierno en la isla. La Habana consigue evitar que las emisiones se reciban en Cuba, pero no disuade de su empeño a la Casa Blanca ni al exilio cubano, que en 1990 vuelven a la carga con Televisión Martí. Los objetivos son los mismos, aunque en esta ocasión las transmisiones se hacen desde un globo aerostático, a 3.000 metros de altura sobre los cayos de Florida. La Habana nuevamente interfiere la señal y frustra el ataque de las ondas. Es el fracaso que narra *Otro tiro por la culata* [68], en el que un Tío Sam desconcertado mira impotente un televisor sin señal.

Corre 1989 y La Habana está sobre aviso ante la llegada de Gorbachev a Cuba, porque régimen comunista que visita, régimen que al poco se tambalea y cae. Así son los efectos corrosivos de la *perestroika* que Castro amablemente rechaza. Lo que no puede evitar es la decisión de Moscú de reducir su asistencia económica y militar. La URSS está perdiendo la Guerra Fría y la onda expansiva de su hundimiento pronto sacudirá el Caribe. A partir de 1991 la Revolución entra en su etapa más crítica, el 'Período especial en tiempo de paz', o lo que es lo mismo: escasez y restricciones de todo tipo en un contexto de aislamiento internacional. Sin el cordón umbilical del bloque socialista Cuba es una isla más que nunca y el régimen de Castro parece tocar a su fin. Washington se frota las manos. Confía que si da otra vuelta de tuerca a su estrategia de asfixia económica precipitará su caída y la isla volverá al redil del que nunca debería haber salido. La atmósfera de fortaleza asediada que se respira en Cuba hace que la consigna 'resistir es vencer' cobre todo su sentido. Ante la amenaza enemiga, la defensa de las conquistas y principios revolucionarios solo se pueden garantizar con la unidad, porque *La unidad nos hace indestructibles* [69]. La principal conquista que está en peligro es la soberanía, y desde la gráfica mural se deja clara su defensa a ultranza a través de mensajes como *Con este pueblo no se juega* [67], *Aquí no queremos amos* o *En mi casa mando yo.*

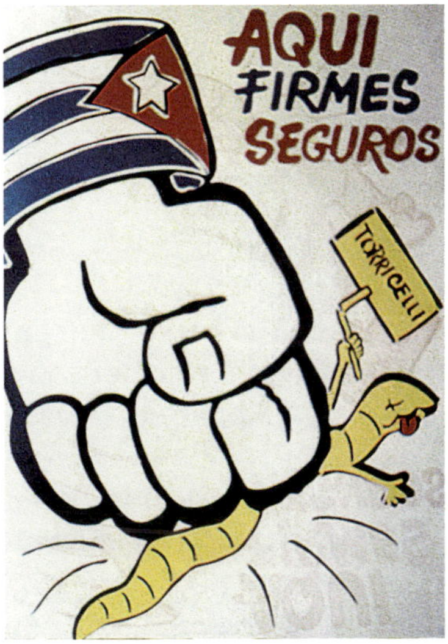

4
Aquí firmes, seguros
1992

La primera vuelta de tuerca se produce en 1992 con la aprobación en el Congreso del Acta de Democracia Cubana, conocida como Ley Torricelli, una pieza más en el engranaje de la maquinaria de la guerra económica de Washington. La ley presenta dos novedades: amplía la prohibición de comerciar con Cuba a las empresas subsidiarias de compañías estadounidenses en terceros países, y obstaculiza el comercio exterior cubano, obligando a los barcos que hubieran transportado mercancías a la isla a esperar seis meses para acceder a puertos de Estados Unidos. En pocas palabras: el endurecimiento del bloqueo, un estrangulamiento que el exilio cubano aplaude sin reservas. En *Aquí, firmes, seguros* [*4*] el puño de Cuba aplasta al gusano, en alusión al exilio, que enarbola un cartel con el nombre del legislador Torricelli.

El incidente con las avionetas de 'Hermanos al rescate' va ser el pretexto para dar una nueva vuelta de tuerca al bloqueo. Durante 1995 la organización del exilio, que dice ayudar a quienes quieren abandonar la isla, viola repetidamente con sus vuelos el espacio aéreo de Cuba y llega a lanzar propaganda contra el gobierno sobre La Habana. En febrero de 1996, cazas cubanos salen al encuentro de dos avionetas que desoyen sus advertencias hasta que son derribadas. Los pilotos de ambas aeronaves mueren y el incidente sirve a la Administración Clinton para recrudecer, aún más, el bloqueo. Solo un mes después se aprueba la Ley Helms-Burton, cuya medida estrella es privar a Cuba de la inversión extranjera, para lo que contempla sancionar a las empresas foráneas con negocios en Estados Unidos que establezcan lazos comerciales con la isla. La propaganda se apresura a responder denunciando el bloqueo como un *Genocidio contra Cuba* [71]. Más elaborados son los diseños que juegan con los apellidos de los legisladores que han impulsado la nueva ley (Helms y

Burton). En uno, están unidos por la esvástica y representan el hedor nauseabundo que desprende un orinal con los colores de la bandera norteamericana. En otro, aparecen vueltos del revés para formar parte del eslogan de la valla *Cuba no se vende* [72].

En el frente diplomático Estados Unidos insiste en acusar a Cuba de no respetar los derechos humanos, incluso ha conseguido el respaldo de la comisión de la ONU encargada del tema en su condena al régimen de Castro. Una maniobra para socavar el prestigio internacional de la isla. Washington habla de derechos humanos para referirse a los civiles y políticos, vinculados a estándares de democracia liberal que La Habana no comparte, y a los que antepone los de carácter social. La valla *Derechos. El pueblo es nuestro testigo* [73] ejemplifica la contraposición de interpretaciones sobre la materia entre ambos países.

00's · La libertad no se puede bloquear

Elián González es el niño más famoso de Cuba y, probablemente, del mundo. Ha sido víctima de la política migratoria de 'pies secos y pies mojados' que Washington aplica desde la crisis de los balseros, por la que los cubanos interceptados en el mar (pies mojados) son repatriados, mientras que los que consiguen llegar a Estados Unidos (pies secos) son acogidos como refugiados políticos. Esa ruleta rusa de la emigración ilegal no desalentó a la madre de Elián, cuando en 1999 decidió cruzar el estrecho de Florida con su hijo de cinco años. La travesía acabó en desastre. La madre murió y el niño estuvo a la deriva dos días hasta que unos pescadores lo encontraron y lo llevaron a Estados Unidos. Allí la familia de Miami pide la custodia del pequeño y el padre exige desde Cuba su retorno. El litigio es un pulso entre Cuba y Miami con la política migratoria norteamericana como telón de fondo. *Salvemos a Elián* [74] es la consigna del cartel que enarbola la manifestación millonaria que clama por su vuelta por el malecón habanero y que sintetiza el discurso construido sobre la diáspora cubana: un mundo ajeno, hostil y del que es necesario protegerse.

Elián vuelve a Cuba en junio del 2000, después de que la Corte Suprema de Estados Unidos deniegue a la familia de Miami su última apelación para ganar la custodia del niño. Su retorno es una derrota dolorosa para el exilio, que pronto va a poder compensar con el caso de los cinco cubanos detenidos en Miami.

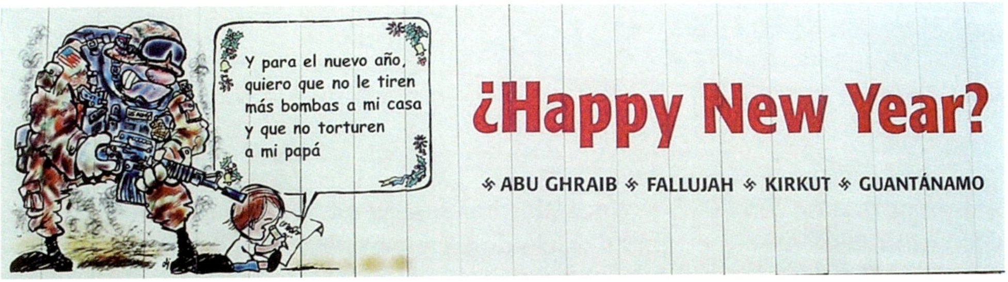

5 ***¿Happy new year?***
Editora Política, 2004

Se trata de agentes secretos que entraron en Estados Unidos con identidades falsas para infiltrarse en organizaciones que actúan contra los intereses de La Habana y desbaratar sus planes. La fiscalía los acusa de espionaje. El exilio de Miami va a hacer todo lo posible para que el juicio sea un ajuste de cuentas con el régimen al que representan los cinco agentes. La fiscalía convence al jurado que el propósito de los acusados era atacar a Estados Unidos y el castigo es abrumador: tres cadenas perpetuas, una pena de 19 años y otra de 15.

A la par que Cuba denuncia las irregularidades del proceso y la injusticia de las condenas, la propaganda destaca el patriotismo de los cinco héroes, es el título que reciben del gobierno cubano, y exige la *Libertad a la verdad y la justicia en Estados Unidos* [75]. En 2003, las defensas presentan apelaciones. Dos años más tarde se revocan las sentencias y se reconoce el derecho de los cinco a tener un juicio justo. Desde entonces Amnistía Internacional y la Comisión de Derechos Humanos de la ONU denuncian su encarcelamiento como una violación de los derechos humanos, pero Estados Unidos nunca toma en consideración a ambas organizaciones.

A finales de 2003, la Oficina de Intereses de Estados Unidos luce un abeto navideño, bien visible desde el exterior, coronado con un 75, en referencia al número de disidentes juzgados y encarcelados durante la denominada 'Primavera Negra'. Denuncia sutil de vulneración de derechos humanos en Cuba que la propaganda contesta poco después con *¿Happy New Year?* [5] Instalada frente a la representación diplomática, la valla recuerda las cárceles donde se tortura a los prisioneros iraquíes y afganos capturados por Estados Unidos.

Bush hijo llega a la presidencia gracias a los votos de Florida. Pronto hace alarde de su hostilidad hacia Cuba, que va a ser proporcional a la atención que la gráfica le dedique. En 2002 la incluye en la lista de países que forman parte del 'Eje del Mal' por amparar terroristas. La reaparición de Posada Carriles en Estados Unidos brinda a la propaganda la oportunidad de hablar extensamente sobre terrorismo. En 2005, Posada Carriles queda en libertad tras ser detenido por entrar ilegalmente en Estados Unidos. La indignación de La Habana por la negativa de Washington a extraditar al cerebro del atentado de Barbados desemboca en una extensa campaña propagandística. El rostro escandalizado de la Estatua de Libertad de *¡Qué bárbaros!, han liberado a un terrorista* [76] es una de sus obras más originales. El propósito de la campaña es acusar a Bush de terrorista por dar amparo a Posada Carriles. La estrategia visual es reunir en el mismo diseño a ambos personajes, como en *El asesino* [81], con estética de anuncio de estreno cinematográfico, y en *Posada & Bush Company* [77]. *Full de asesinos* [79] juega con el símil de la baraja de cartas que el ejército norteamericano elaboró para que sus tropas identificaran y capturaran a los miembros del régimen de Sadam Hussein tras la Guerra de Irak. Los naipes de la valla señalan a los criminales a los que se debería dar caza.

Desde 1962, más del *70% de los cubanos ha nacido bajo el bloqueo* [85]. Ningún otro país ha sufrido una presión similar durante tanto tiempo. La propaganda suele tratar el tema como un acto genocida que Cuba resiste victoriosamente y las consignas acostumbran a ser lacónicas y contundentes, 'No al bloqueo', 'Resistir es vencer'... En 2006, Cuba expone ante la ONU su impacto en la economía del país: 86 mil millones de dólares. A raíz de la cuantificación del bloqueo, el contenido textual de la gráfica se renueva y gana en profundidad. *3 días de bloqueo equivalen a la impresión de todos los libros de texto de un curso escolar* [86] es un ejemplo de las diversas vallas que por primera vez ofrecen datos concretos sobre las consecuencias del bloqueo en la educación o la sanidad. Si la manera de explicar el bloqueo cambia, también lo hace el relato de su resistencia. *Pero jamás podrán quitarme la música...* [89] forma parte también de una serie de vallas en las que la respuesta colectiva al bloqueo se explica a través de la experiencia individual, muchas veces cargada de emotividad y lirismo. Los elementos que actualizan el discurso sobre el bloqueo, también están presentes en el tratamiento de otro tema estrella de la presidencia de Bush: el *Plan Bush para Cuba*.

En 2003 la Casa Blanca elabora un informe que detalla las medidas para desmantelar el modelo social de la isla y acelerar la transición hacia una economía de mercado y una democracia homologada según los criterios norteamericanos. El informe, que se amplía en 2006, habla de 'ayudar al pueblo cubano a recuperar su libertad y prosperidad', pero disfraza la determinación histórica de

Washington de acabar con la Revolución. Como respuesta, la gráfica reafirma la soberanía cubana en *La libertad no se puede bloquear* [93], y roza el insulto cuando propone la eliminación del correo de *w.bush.genocidio@plan.hp* [88], cuyo dominio 'plan.hp' no deja dudas sobre su sentido.

Las vallas instaladas frente a la Oficina de Intereses se desmantelan en la víspera de la toma de posesión de Obama, que pronto planeará para la isla una política distinta a la de su predecesor. Con la excepción de las referencias al bloqueo, la gráfica mural apenas vuelve a hablar de su viejo enemigo.

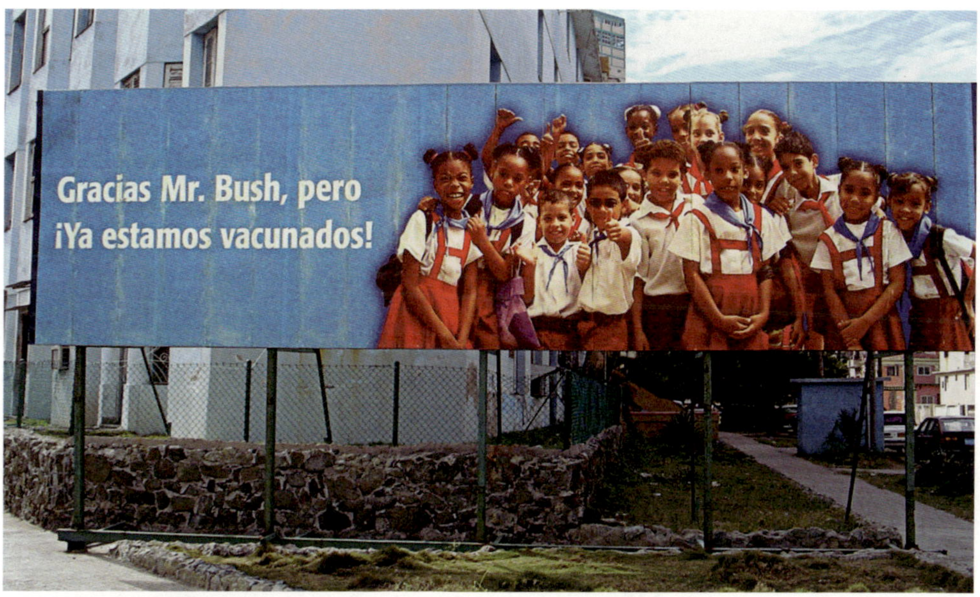

8 ***Gracias Mr. Bush, pero ¡Ya estamos vacunados!***
Editora Política, 2006

60's

La determinación de Estados Unidos de acabar con el régimen de Fidel Castro marca los primeros años del proceso revolucionario. Cuando es evidente que la presión económica y el sabotaje no son suficientes, Washington recurre a la invasión, pero fracasa. La victoria de Playa Girón se incorpora a las celebraciones revolucionarias. *La primera derrota del imperialismo en América* será el lema habitual de su conmemoración. Kennedy, empeñado en destruir la revolución, inicia la guerra económica. El bloqueo será un tema ampliamente explotado por la propaganda. La URSS instala en Cuba armamento nuclear para disuadir a Estados Unidos de una nueva agresión. Durante dos semanas el mundo está al borde de una guerra atómica que se librará en Cuba. La retórica bélica de la gráfica sobre las jornadas de Girón tiene continuidad en los diseños que instan a la población a combatir y destruir al enemigo durante la Crisis de los Misiles. También en estos años la gráfica mural refleja la solidaridad cubana con las luchas antiimperialistas en el Tercer Mundo y la denuncia de la agresión norteamericana en el sudeste asiático.

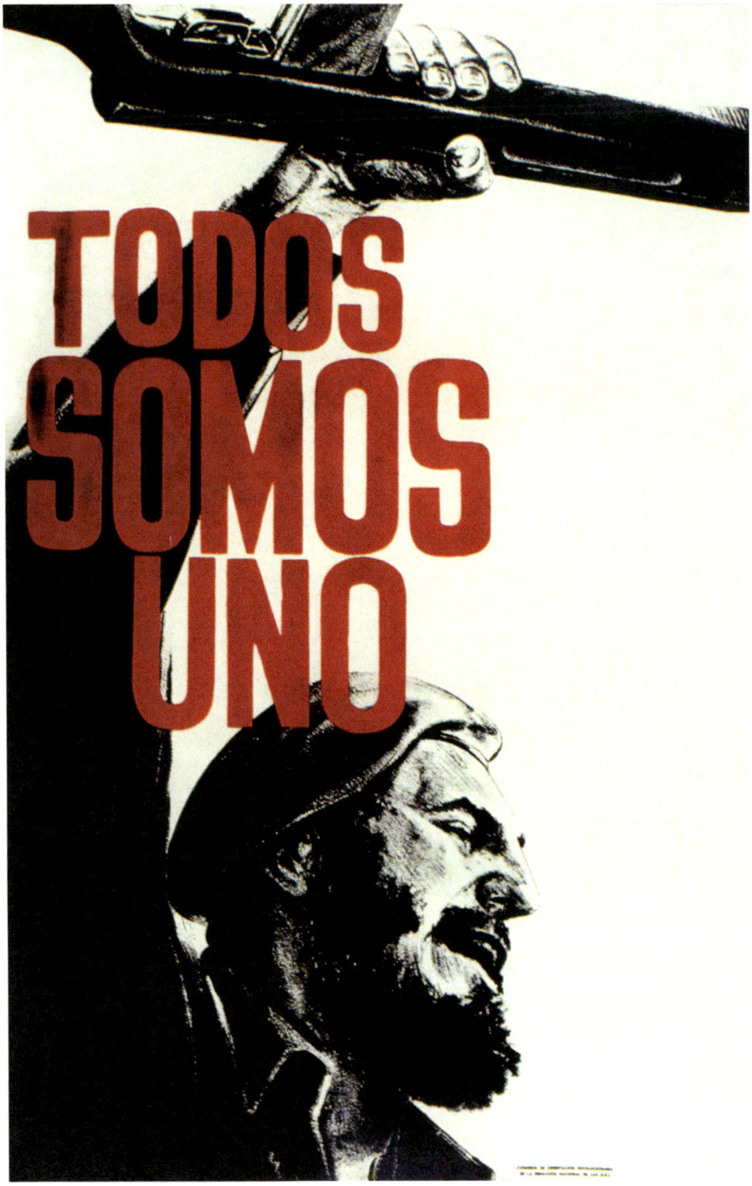

7 ***Todos somos uno***
Roberto Quintana. COR, 1962

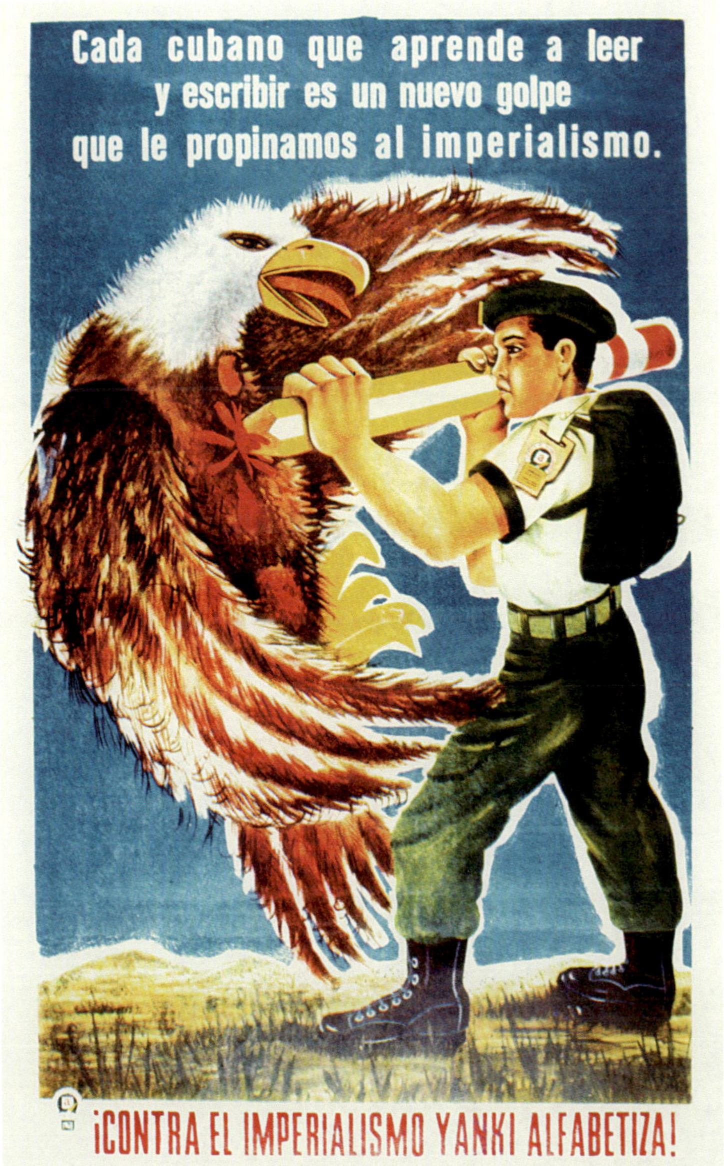

8 ***¡Contra el imperialismo yanqui, alfabetiza!***
Mario Masvidal, 1961

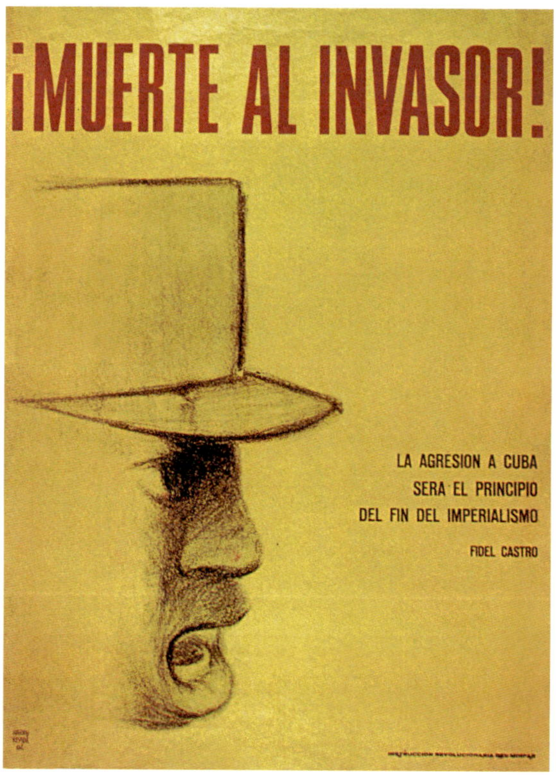

9 ***¡Muerte al invasor!***
Departamento de Instrucción Revolucionaria del MINFAR, 1962

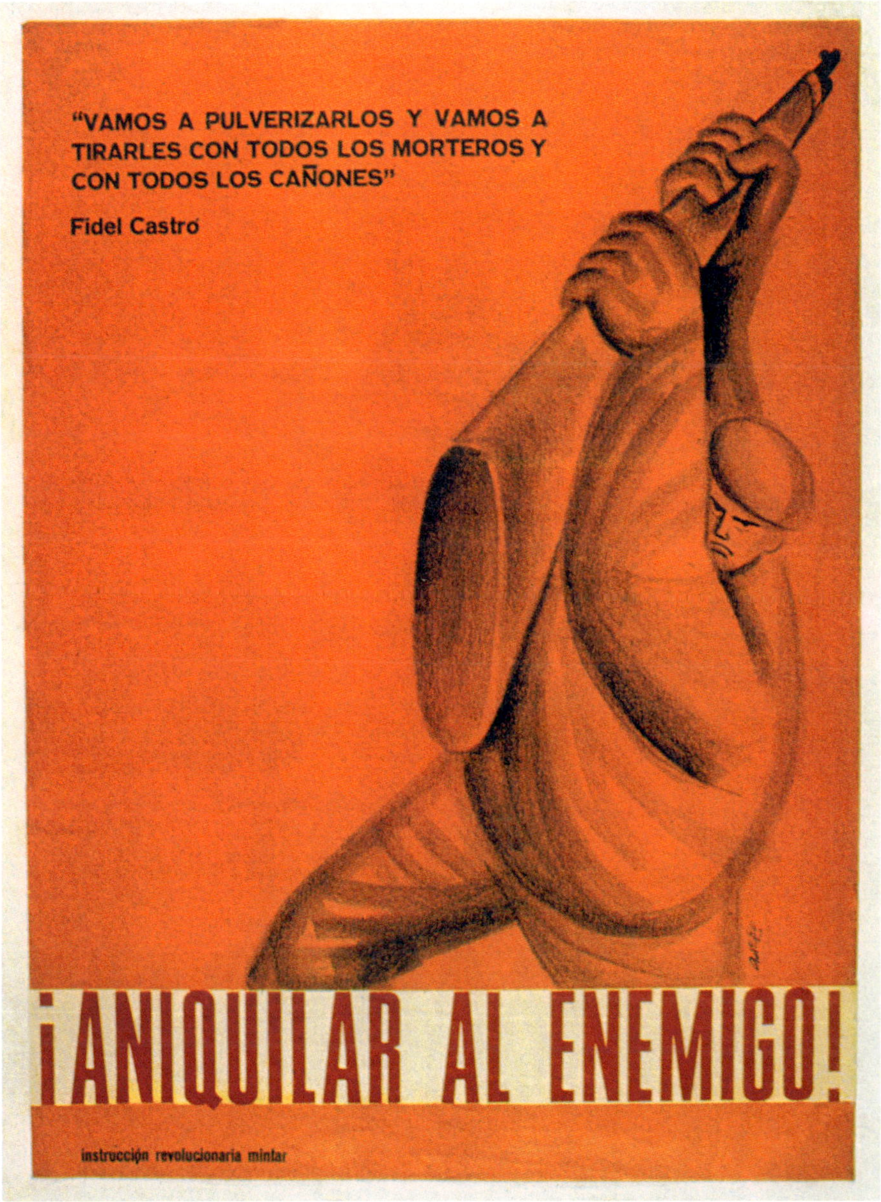

10 ***¡Aniquilar al enemigo!***
Departamento de Instrucción Revolucionaria del MINFAR, 1962

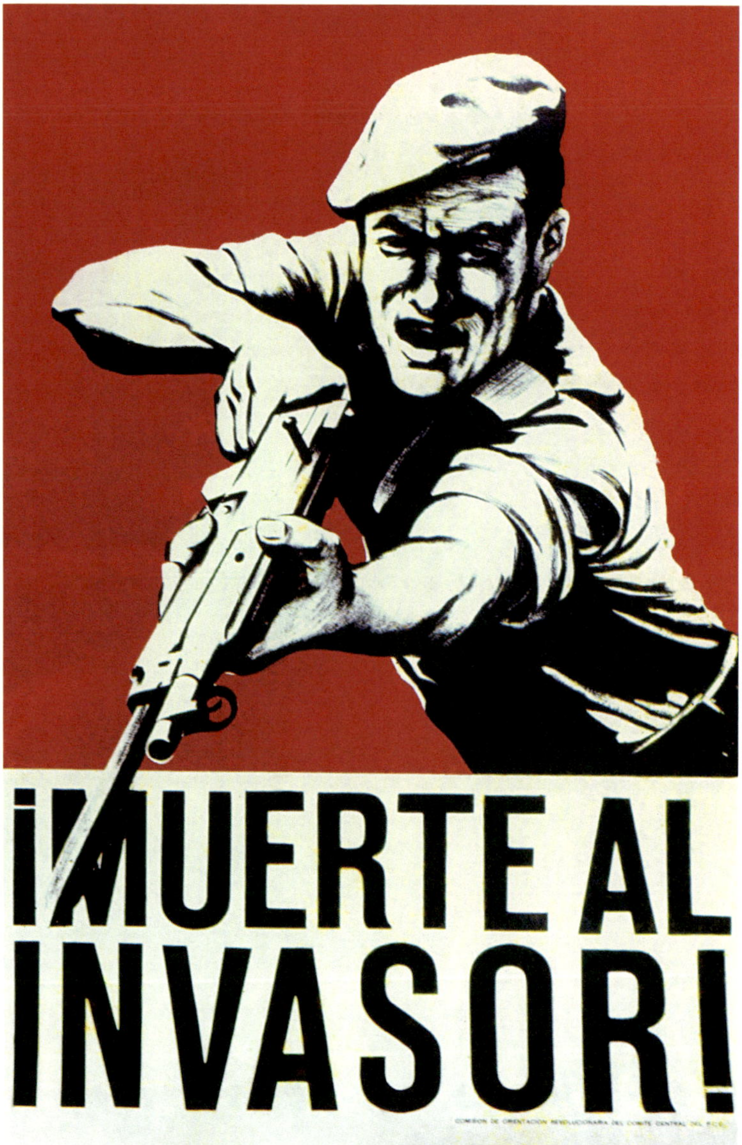

11 ***¡Muerte al invasor!***
Comisión de Orientación Revolucionaria (COR), 1962

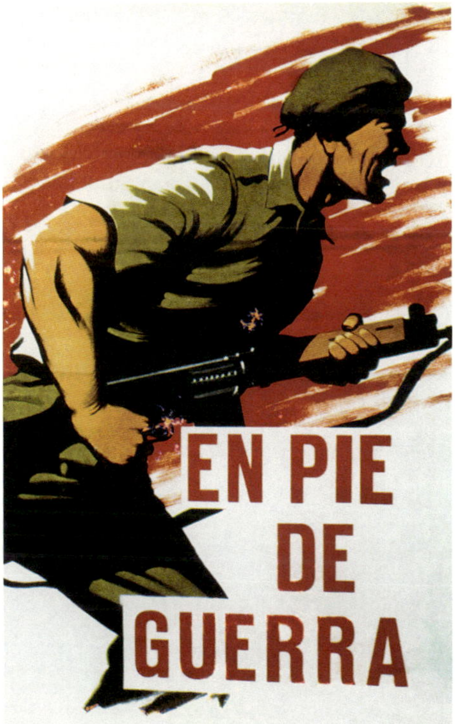

12 ***En pie de guerra***
COR, 1962

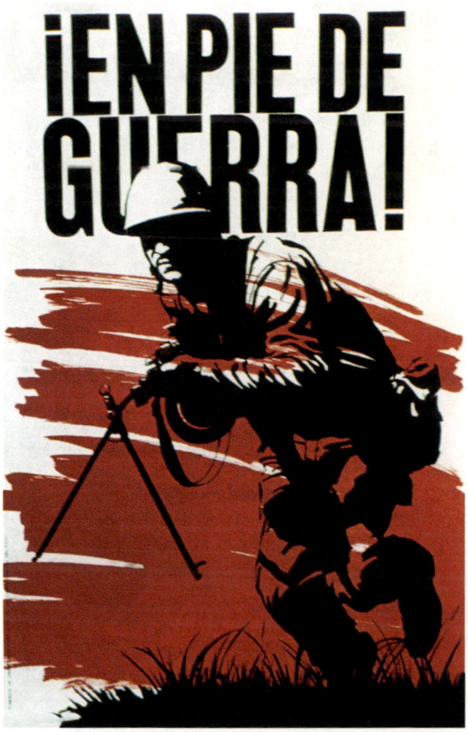

13 ***En pie de guerra***
COR, 1962

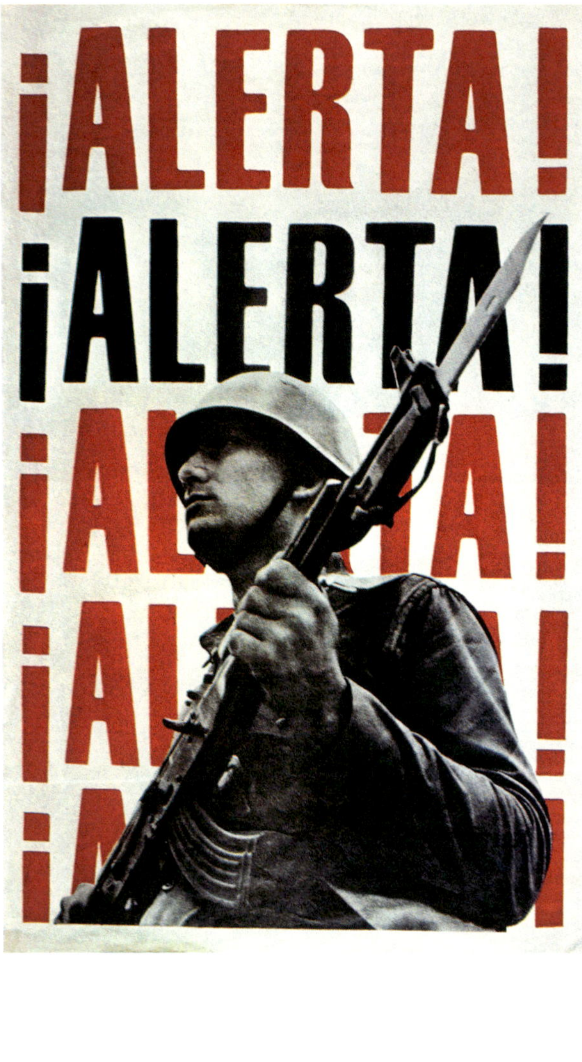

14 ***¡Alerta!***
Jesús Forjans. COR, 1962

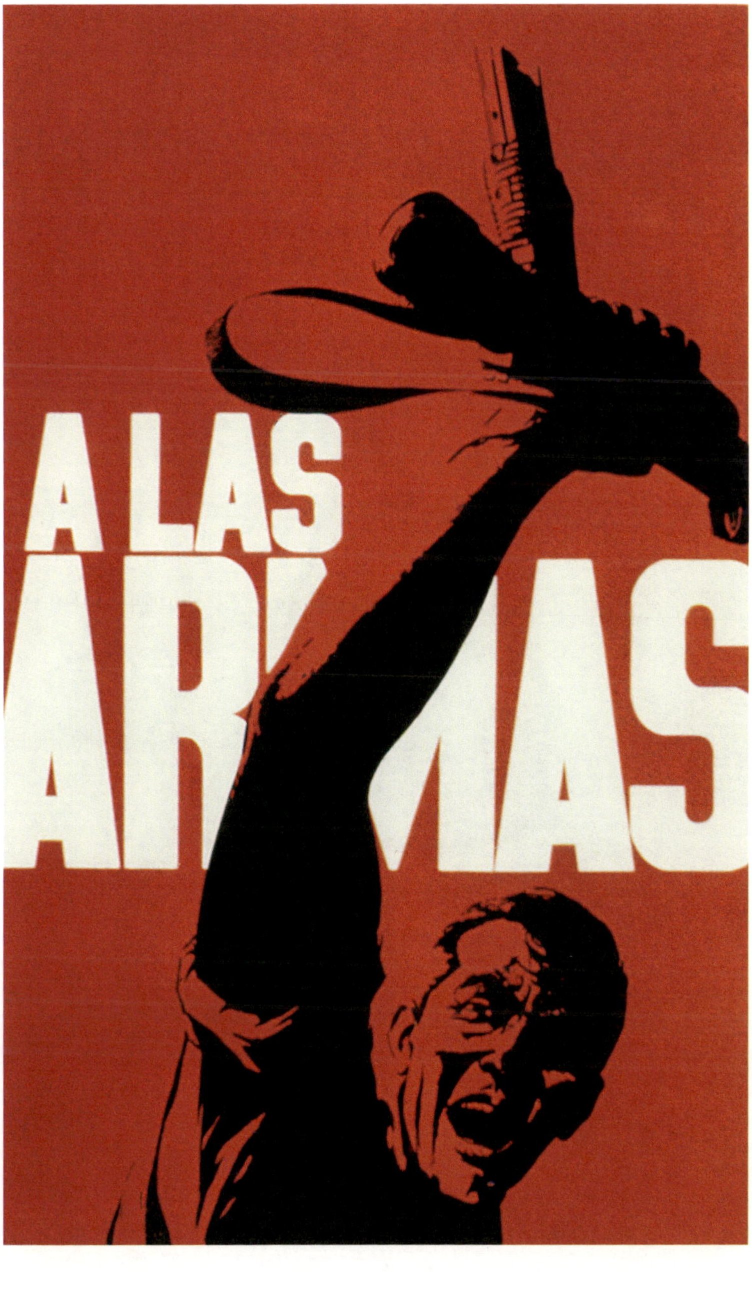

15 ***A las armas***
Roberto Quintana, 1962

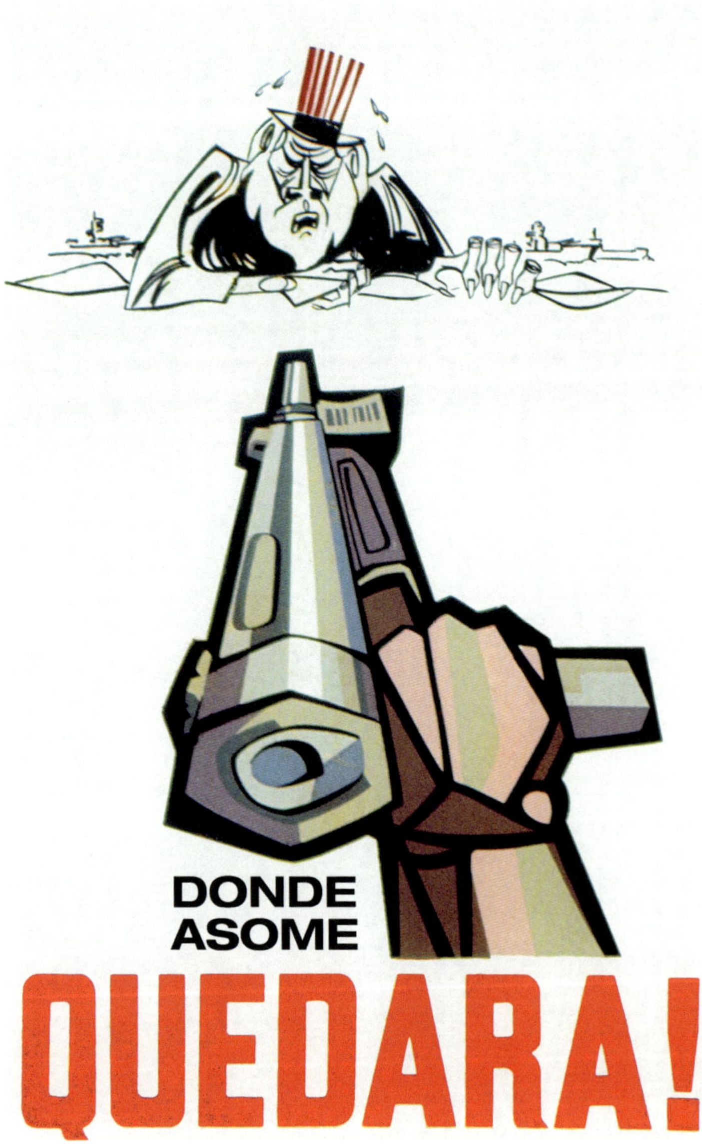

16 ***Donde asome quedará!***
Jesús Forjans, circa 1961

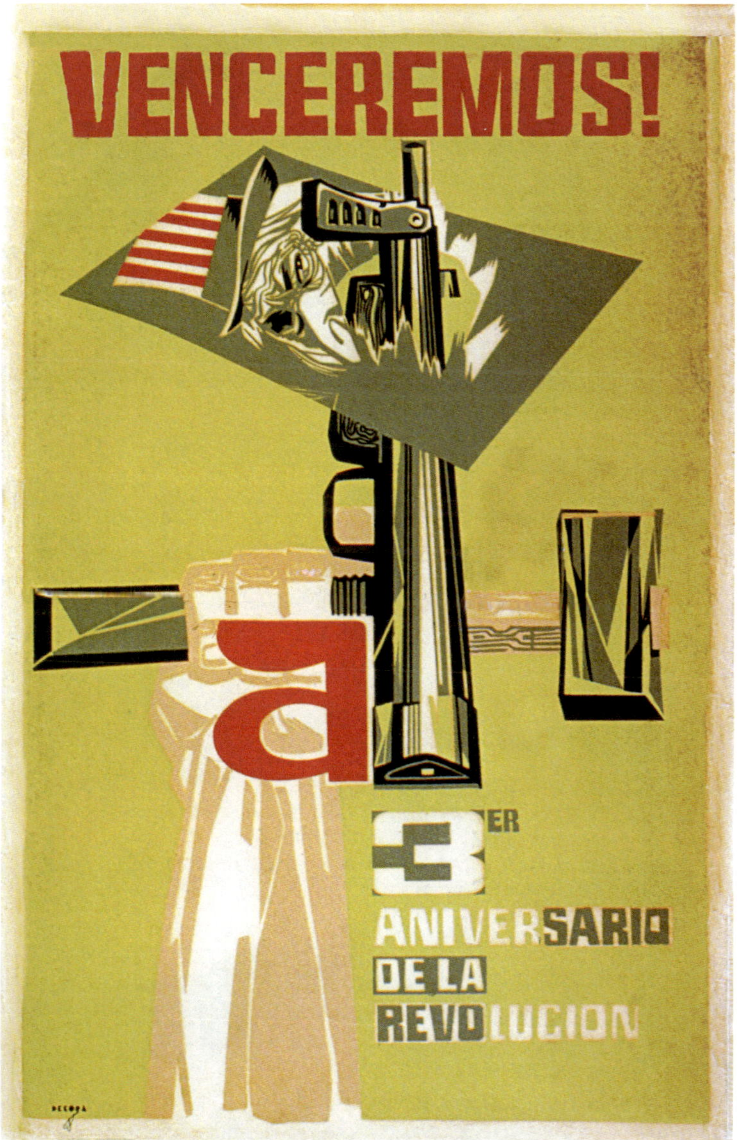

17 *¡Venceremos! 3er aniversario de la Revolución*
1962

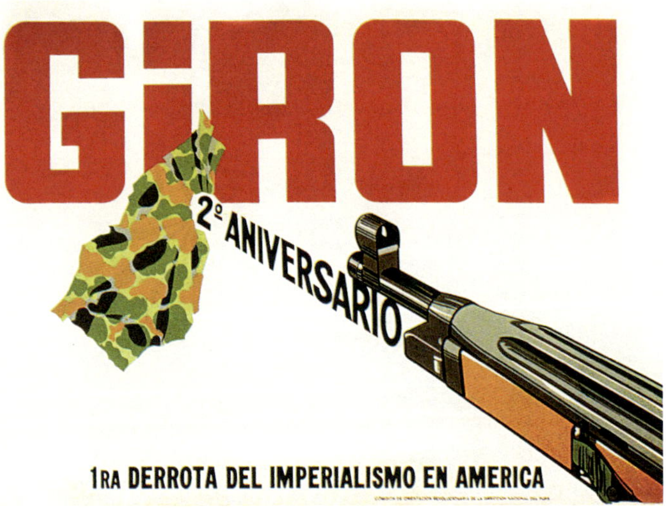

18 ***Girón, segundo aniversario***
COR, 1963

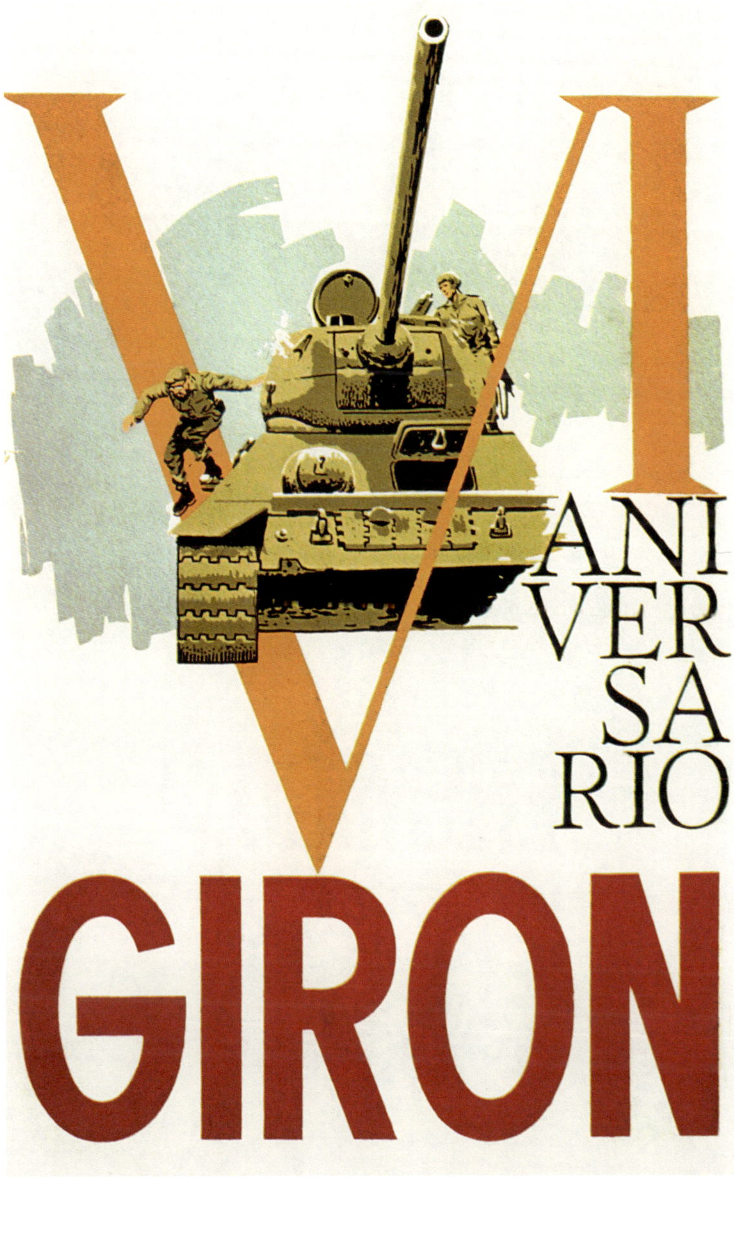

19 ***Girón, VI aniversario***
1967

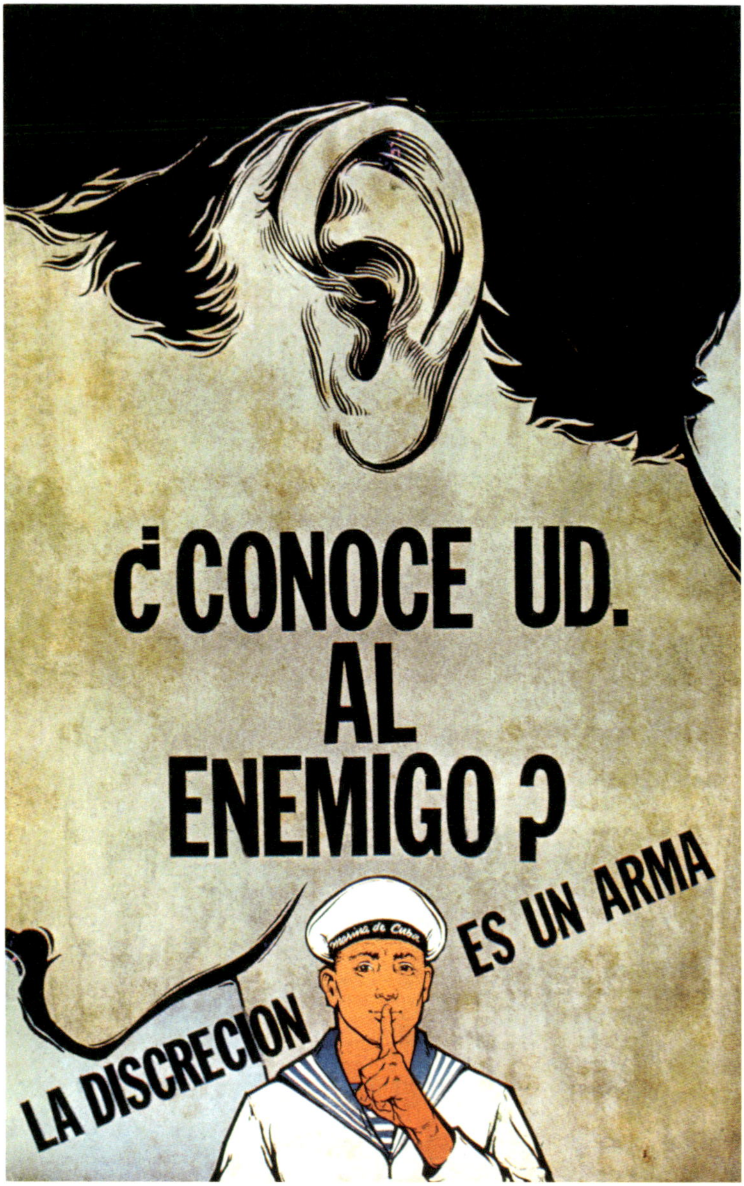

20 ***¿Conoce ud. al enemigo? La discreción es un arma***
Circa 1965

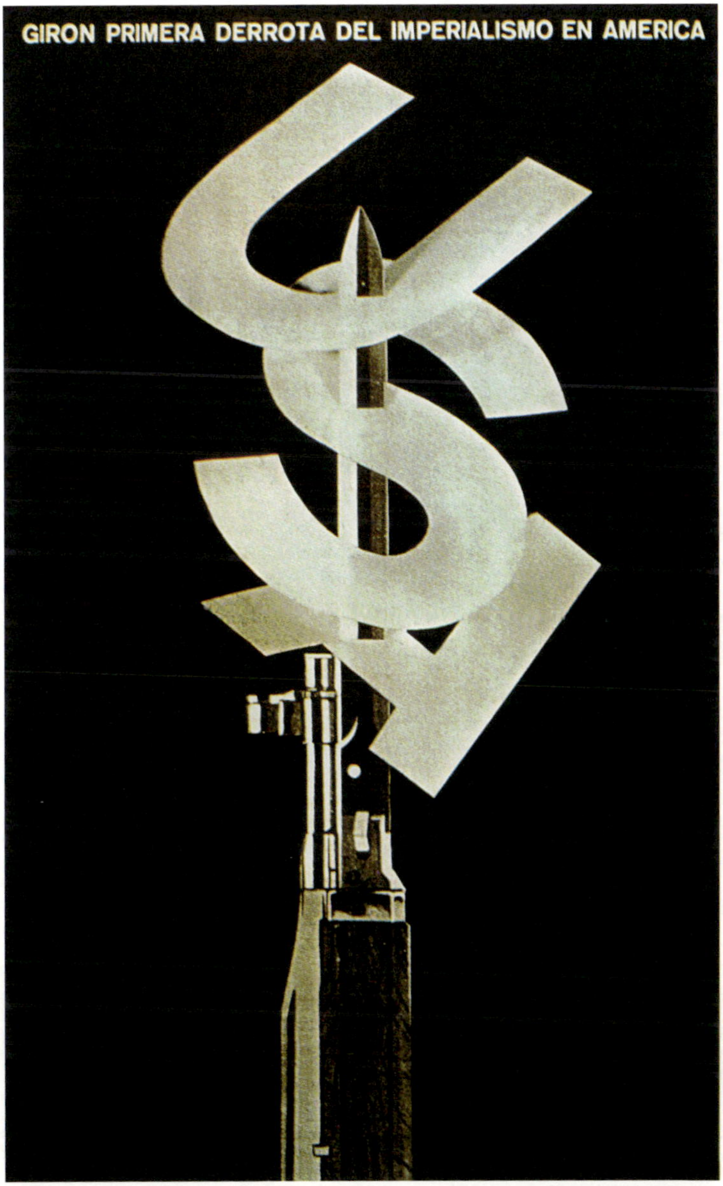

21 ***Girón primera derrota del imperialismo en América***
COR, 1969

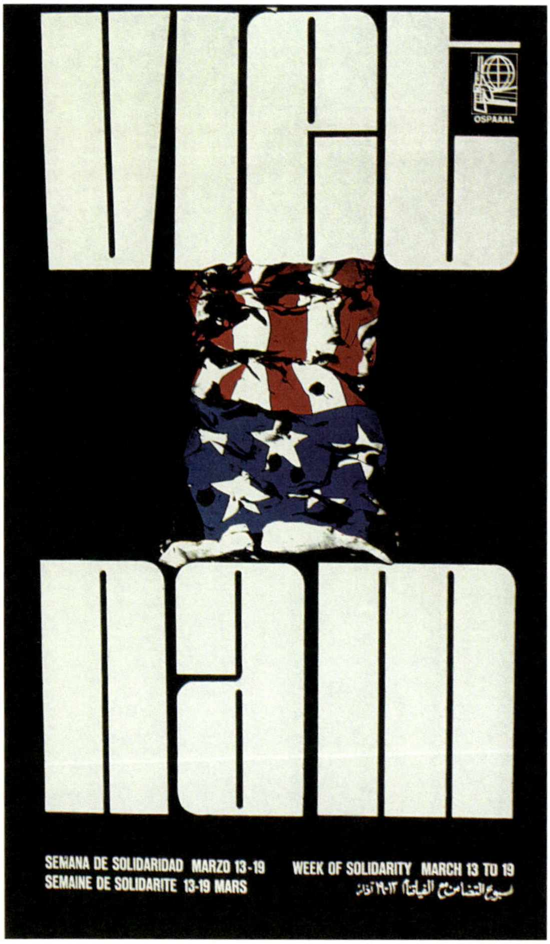

22 ***Semana de solidaridad con Viet Nam***
René Mederos. OSPAAL, 1968

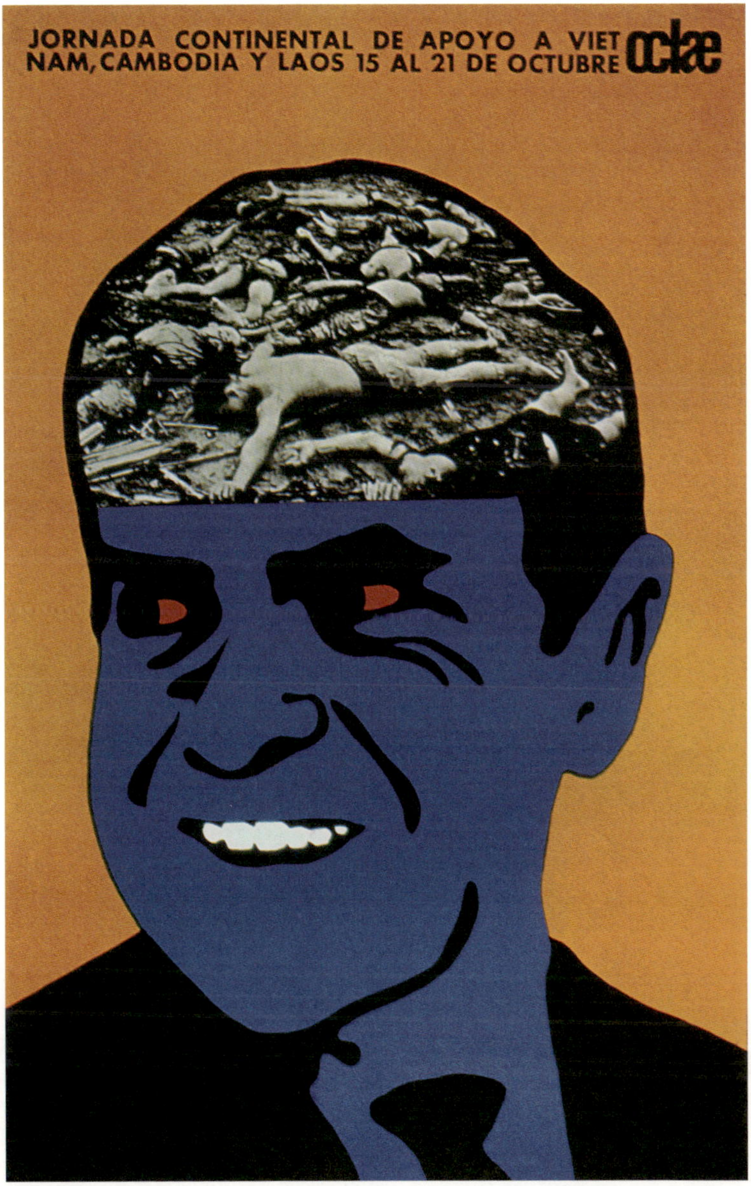

23 ***Jornada continental de apoyo a Viet Nam, Cambodia y Laos, 15 al 21 de octubre***
Luis Belaguer. OCLAE, 1969

70's

La denuncia del recrudecimiento del conflicto de Vietnam y la celebración de Girón siguen ocupando su lugar en la agenda de la propaganda, que se enriquece como reflejo del papel que Cuba desempeña en la Guerra Fría. Apoya a los movimientos de liberación nacional y promueve la lucha contra la penetración ideológica del imperialismo en el mundo académico. Sin embargo, Cuba no deja de sufrir los ataques de su enemigo. El golpe más duro lo recibe en Barbados, cuando un avión comercial cubano explota en pleno vuelo y muere todo el pasaje. Castro señala a la CIA. En el orden internacional, Cuba se ha alineado con la URSS. Combate con éxito en Angola y Etiopía y acusa a Estados Unidos de connivencia con China en su agresión a Vietnam. El prestigio que adquiere entre los pueblos del Tercer Mundo la lleva a liderar el Movimiento de Países No Alineados.

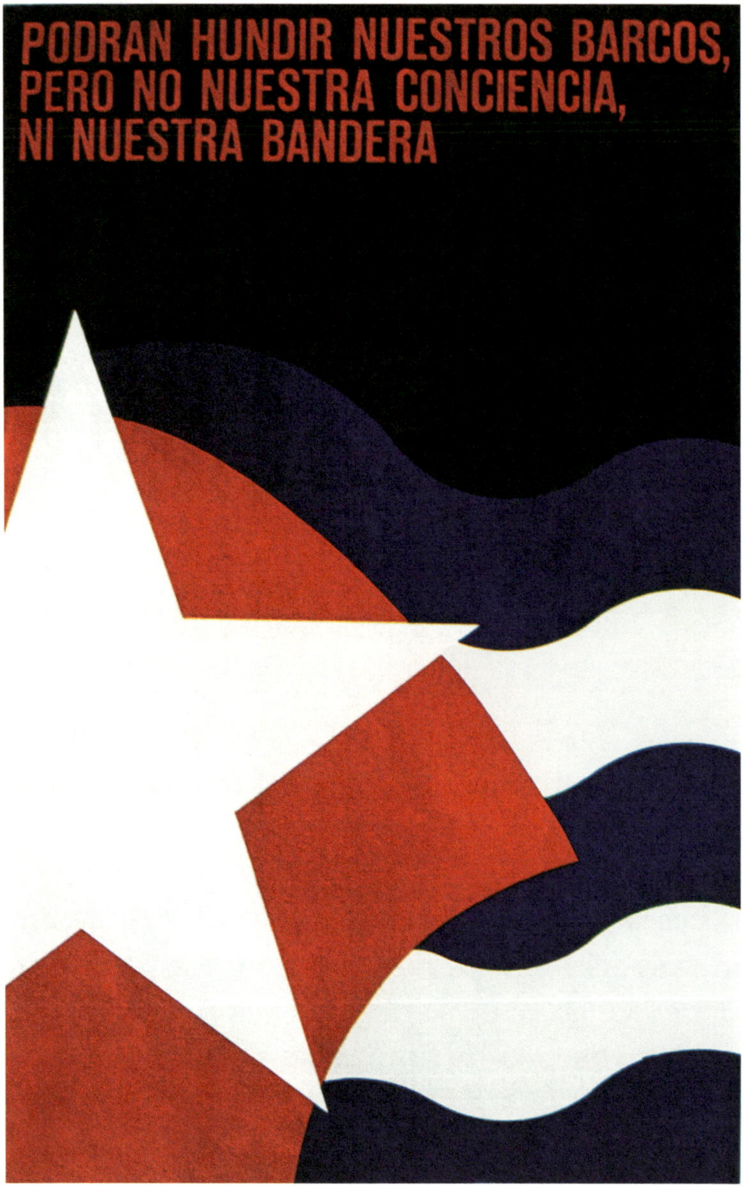

24 ***Podrán hundir nuestros barcos, pero no nuestra conciencia, ni nuestra bandera***
COR, 1970

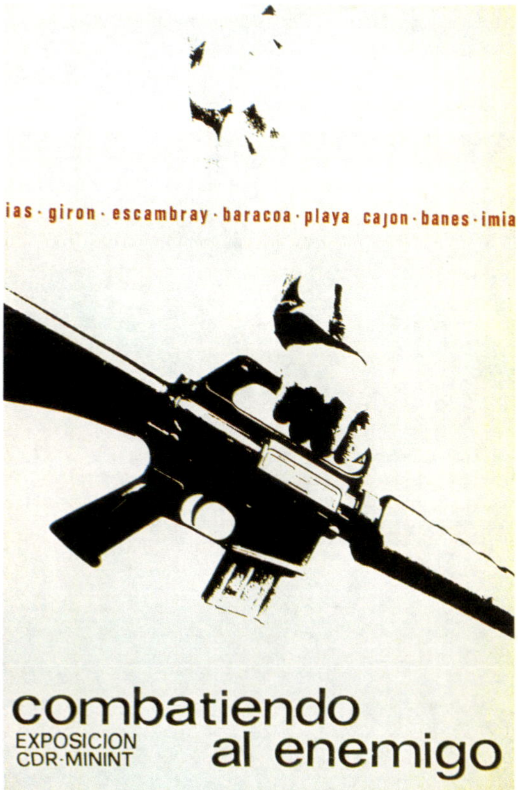

25 ***Combatiendo al enemigo. Exposición CDR - MININT***

José Ramón Chávez. COR, 1971

CDR (Comités de Defensa de la Revolución) / MININT (Ministerio del Interior)

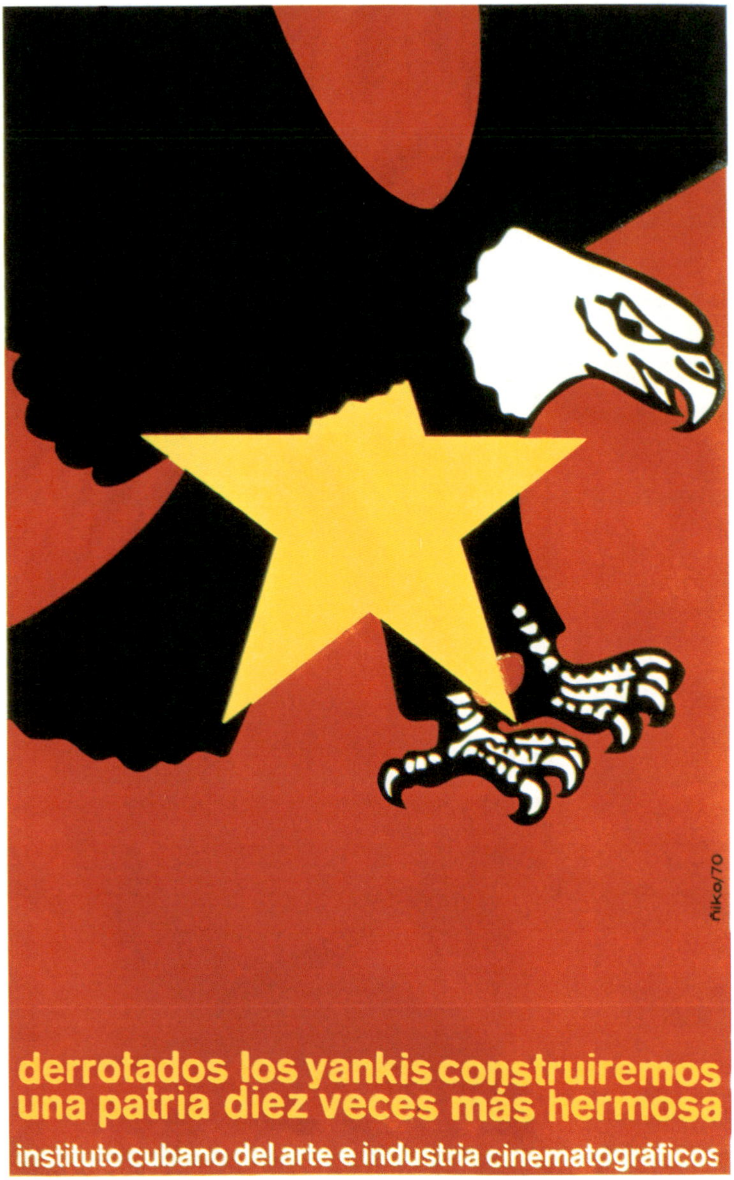

26 ***Derrotados los yankis construiremos una patria diez veces más hermosa***
Antonio Pérez 'Ñiko'. ICAIC, 1970

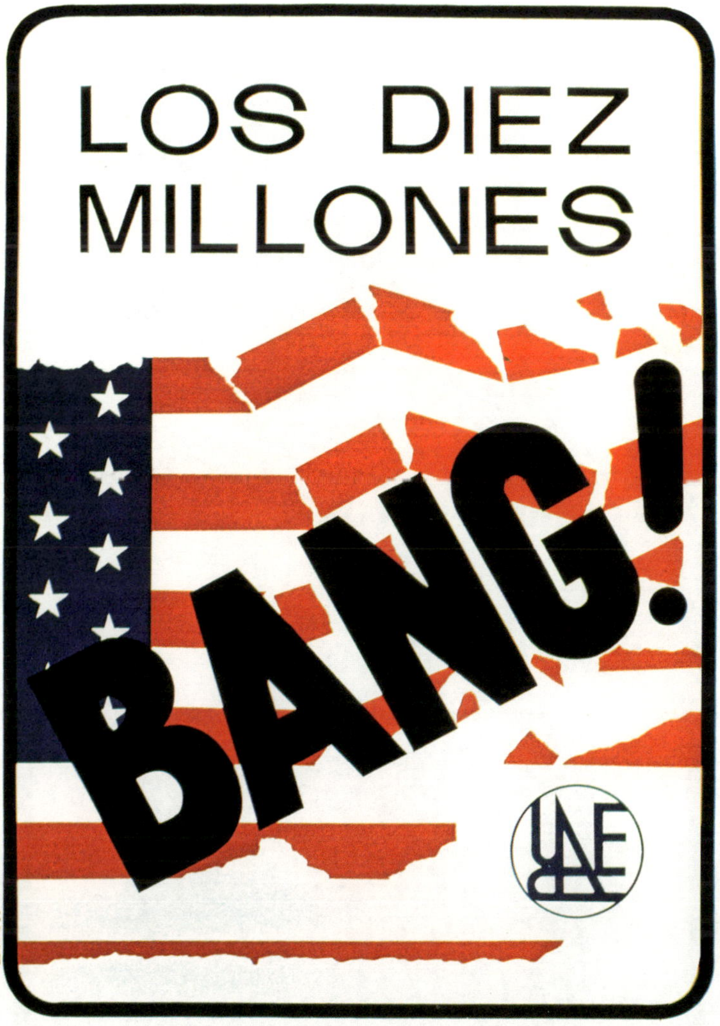

27 ***Los diez millones. Bang!***
Salvador Corratgé. UNEAC, 1970

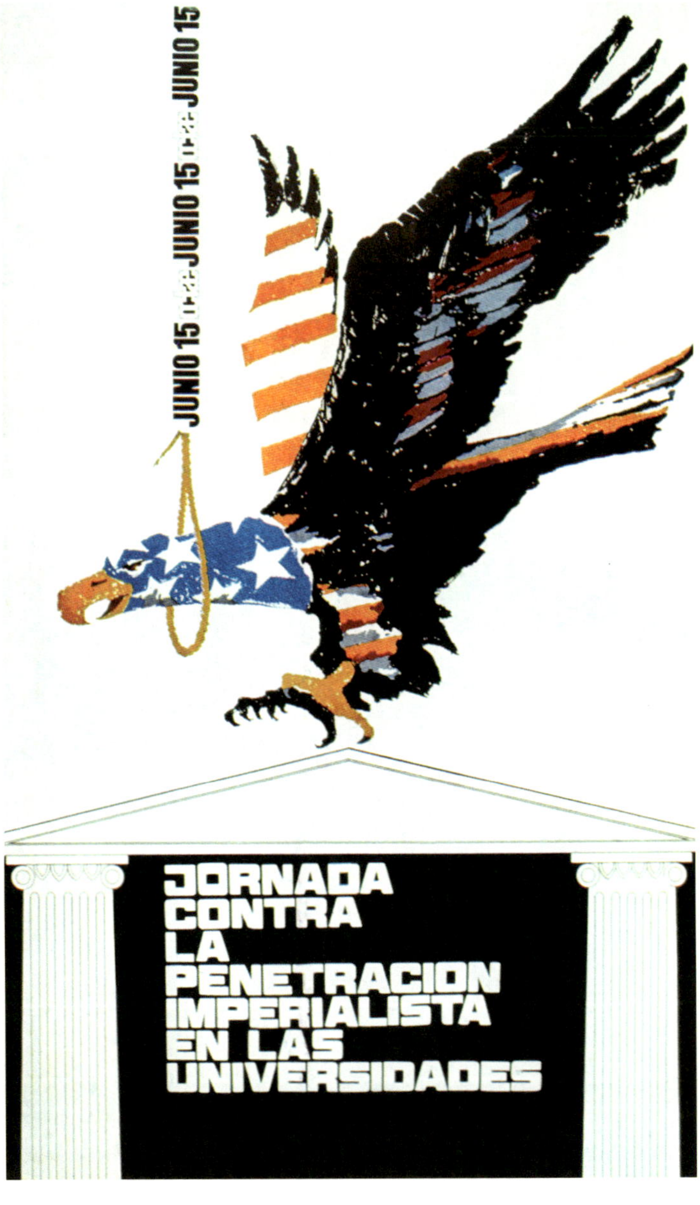

28 ***Jornada contra la penetración imperialista en las universidades***
OCLAE, 1971

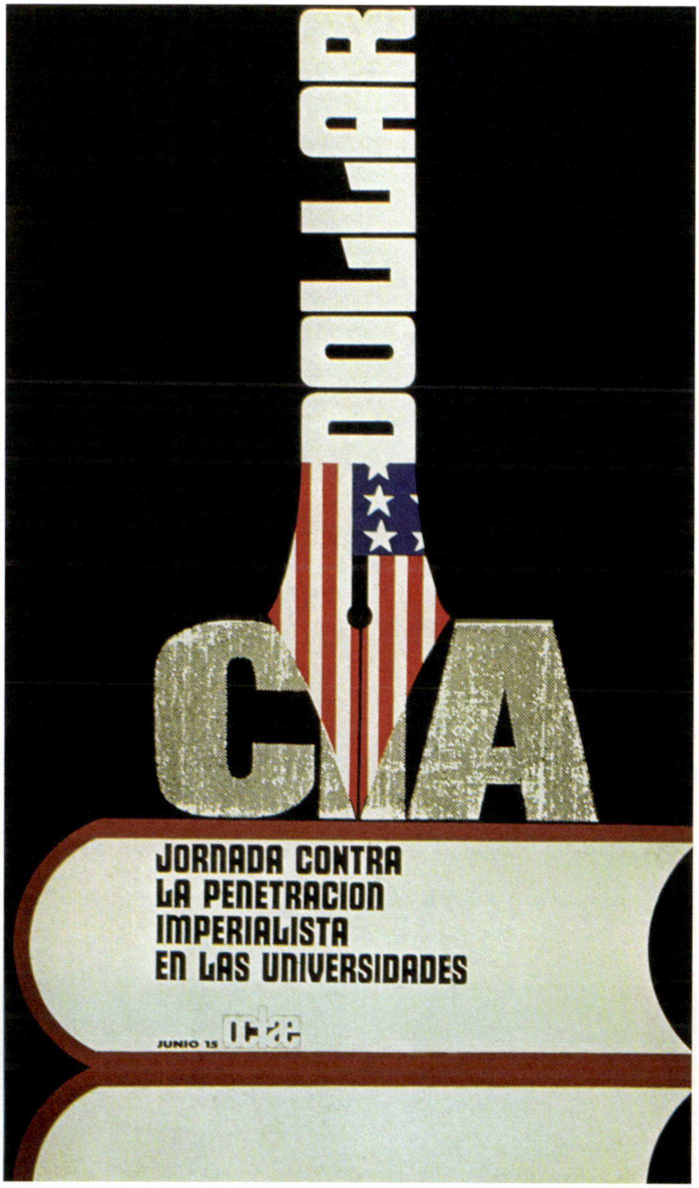

29 ***Jornada contra la penetración imperialista en las universidades***
Mario Sandoval. OCLAE, 1972

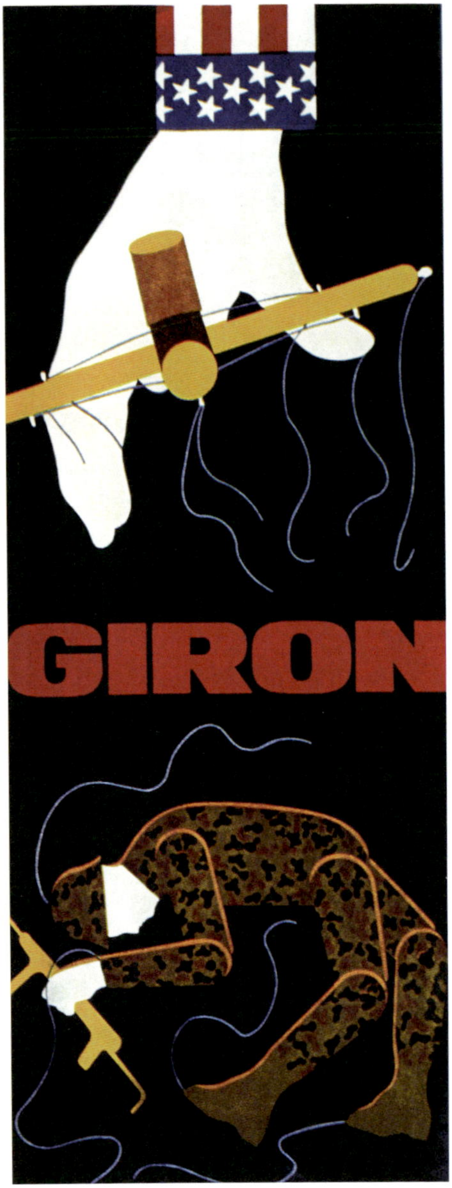

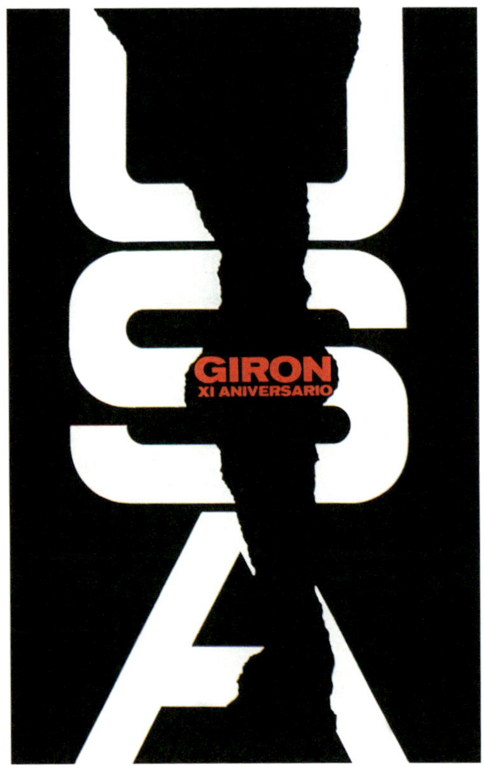

30 ***Girón***
COR, 1971

31 ***Girón XI aniversario***
José Gómez 'Tito'. COR, 1972

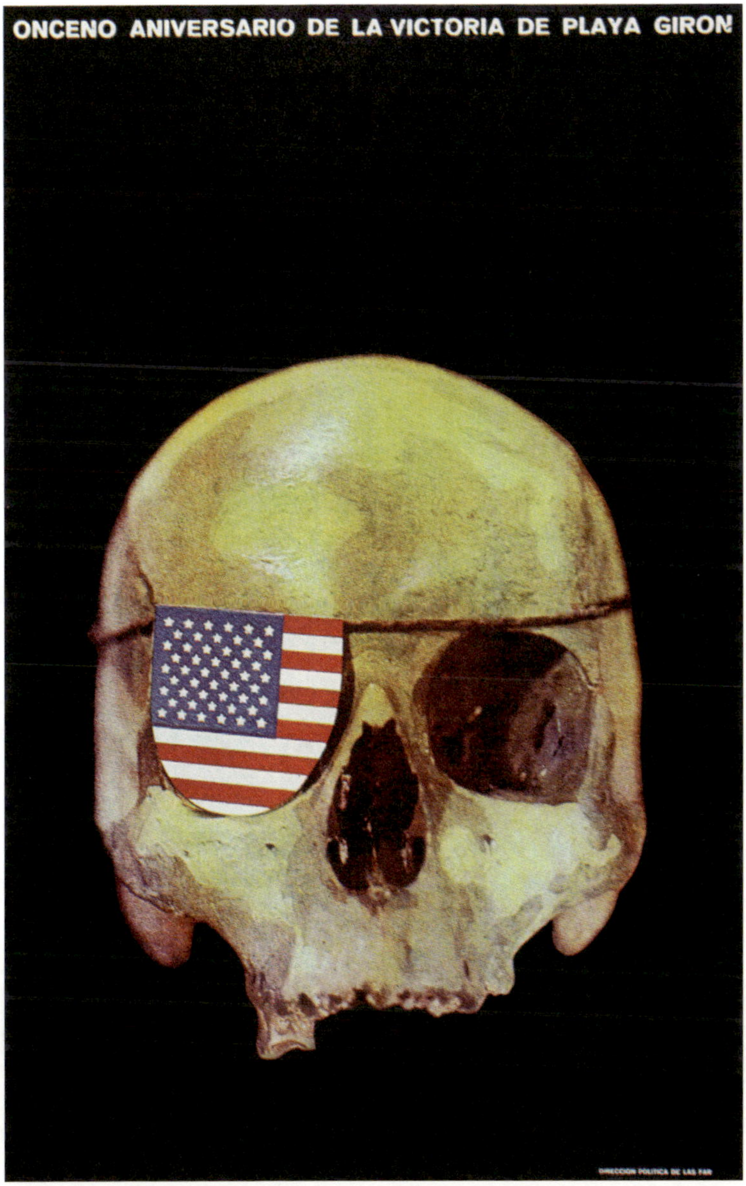

32 ***Onceno aniversario de la victoria de Playa Girón***
Dirección Política de las FAR, 1972

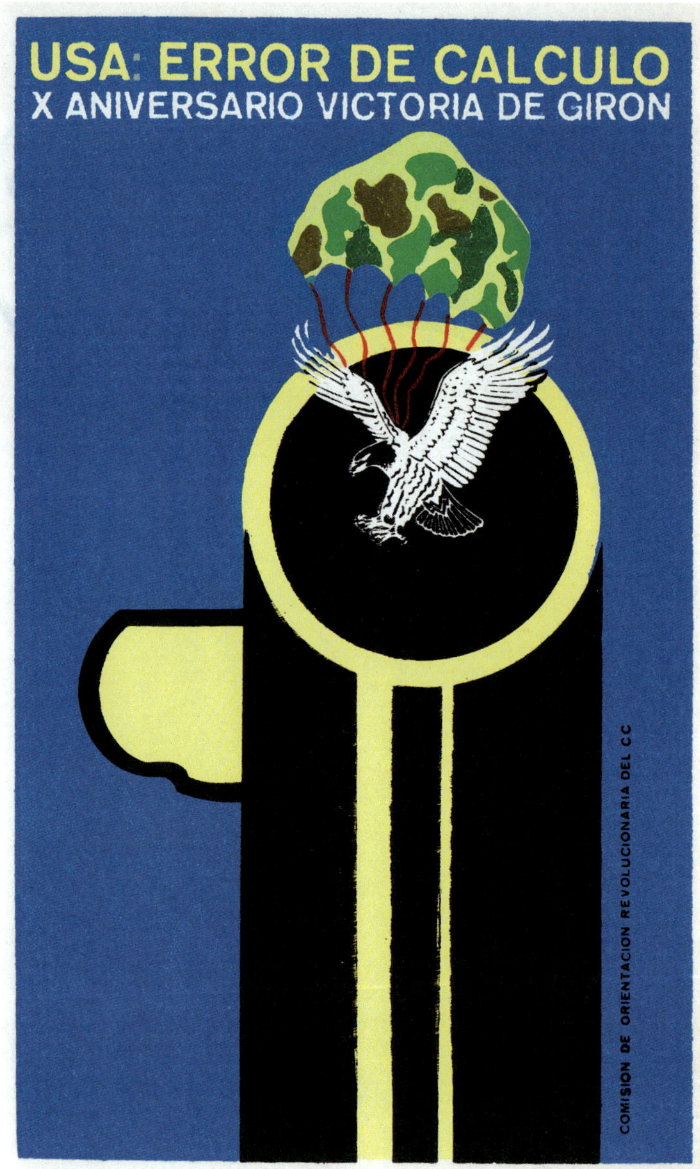

33 ***USA: error de cálculo. X aniversario victoria de Girón***
COR, 1971

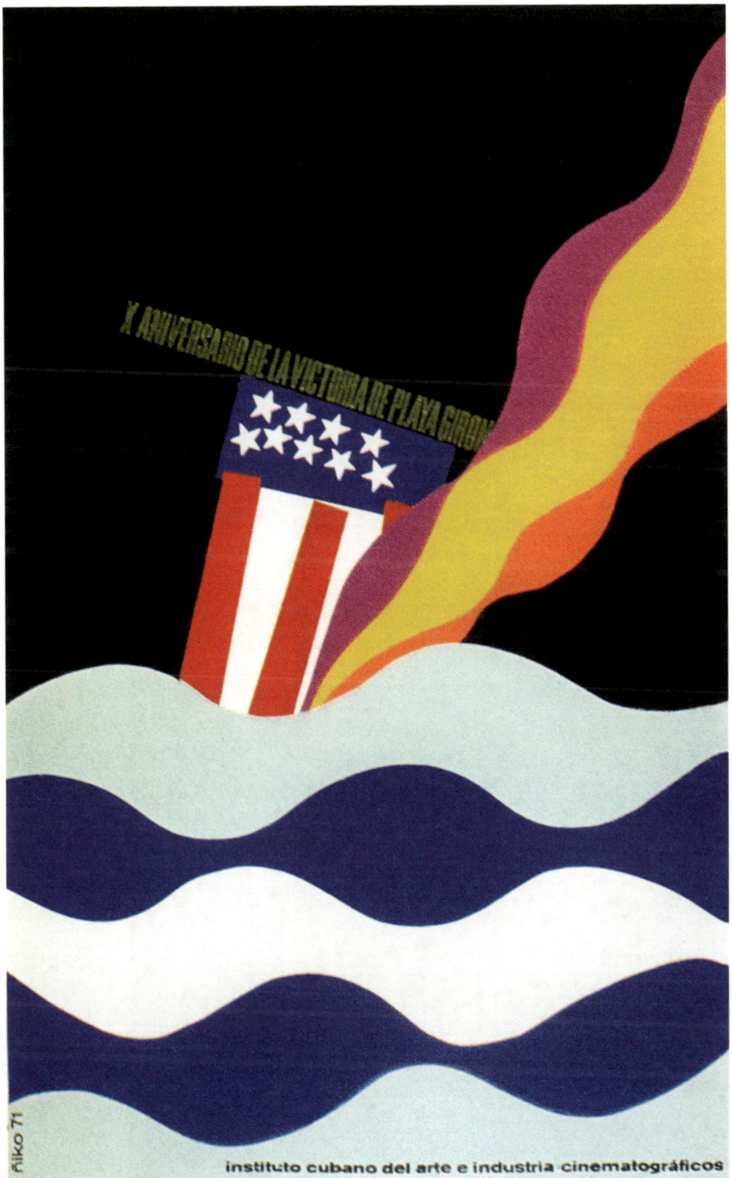

34 ***X aniversario de la victoria de Playa Girón***
Antonio Pérez 'Ñiko'. ICAIC, 1971

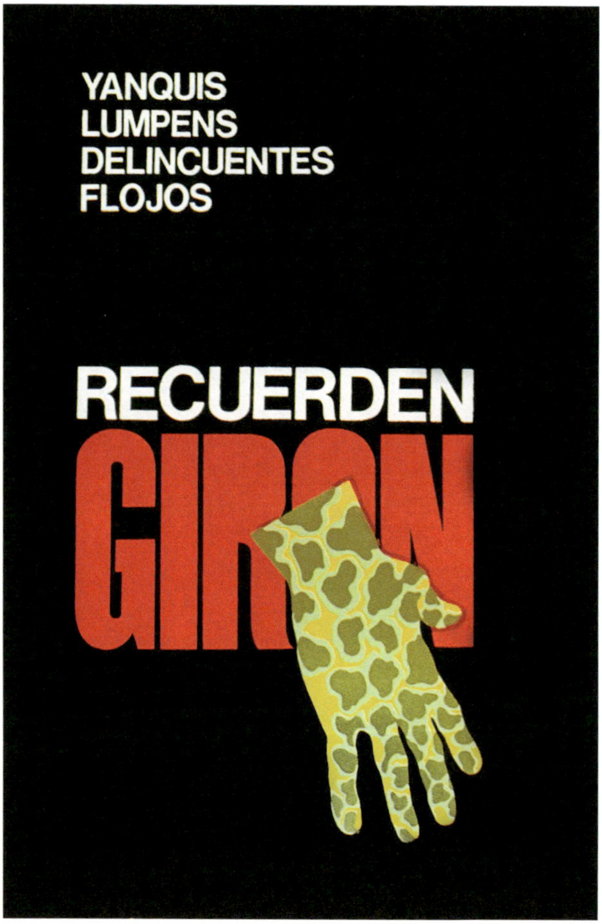

35 ***Yanquis, lumpens, delincuentes, flojos, recuerden Girón***
Circa 1975

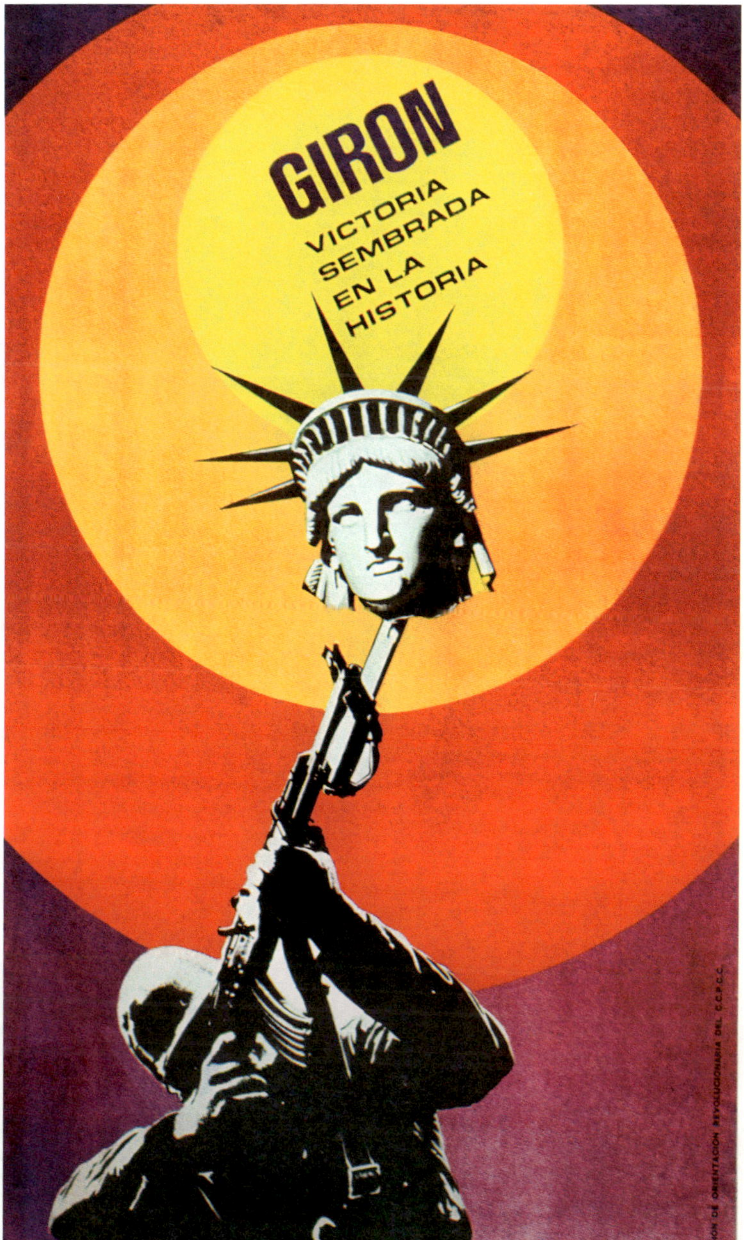

30 ***Girón victoria sembrada en la historia***
COR, circa 1974

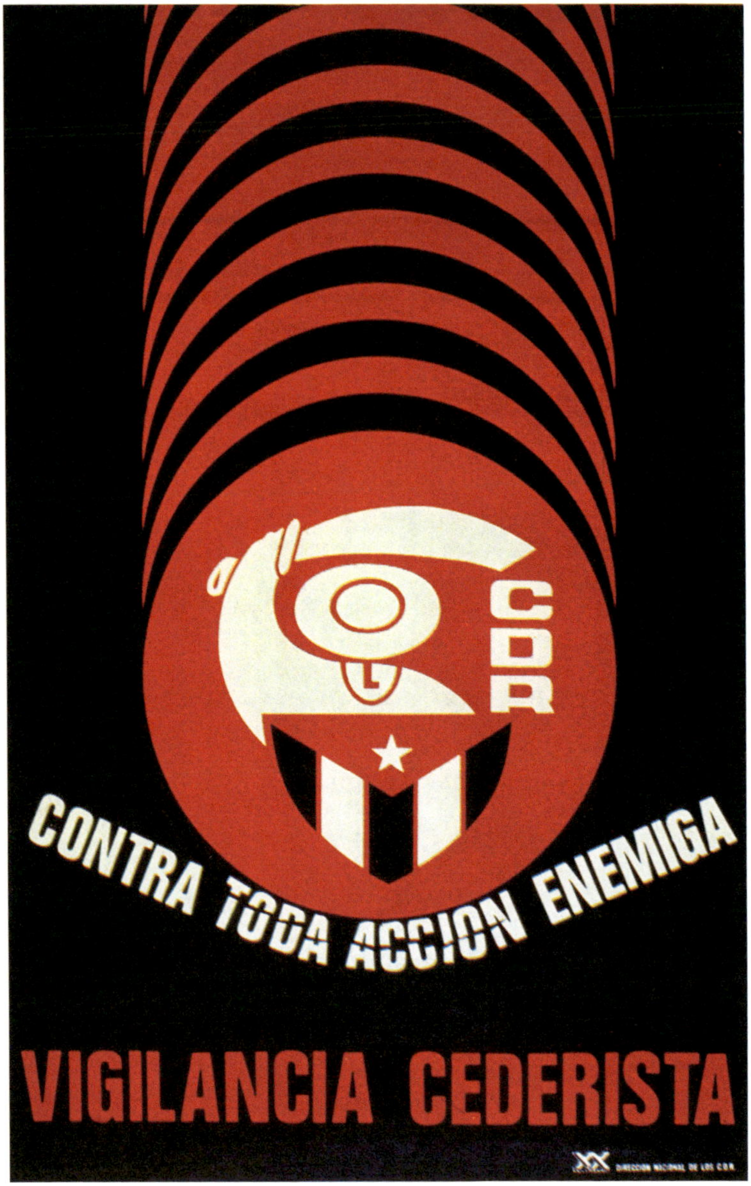

37 ***Contra toda acción enemiga, vigilancia cederista***
Dirección Nacional de los CDR, 1973

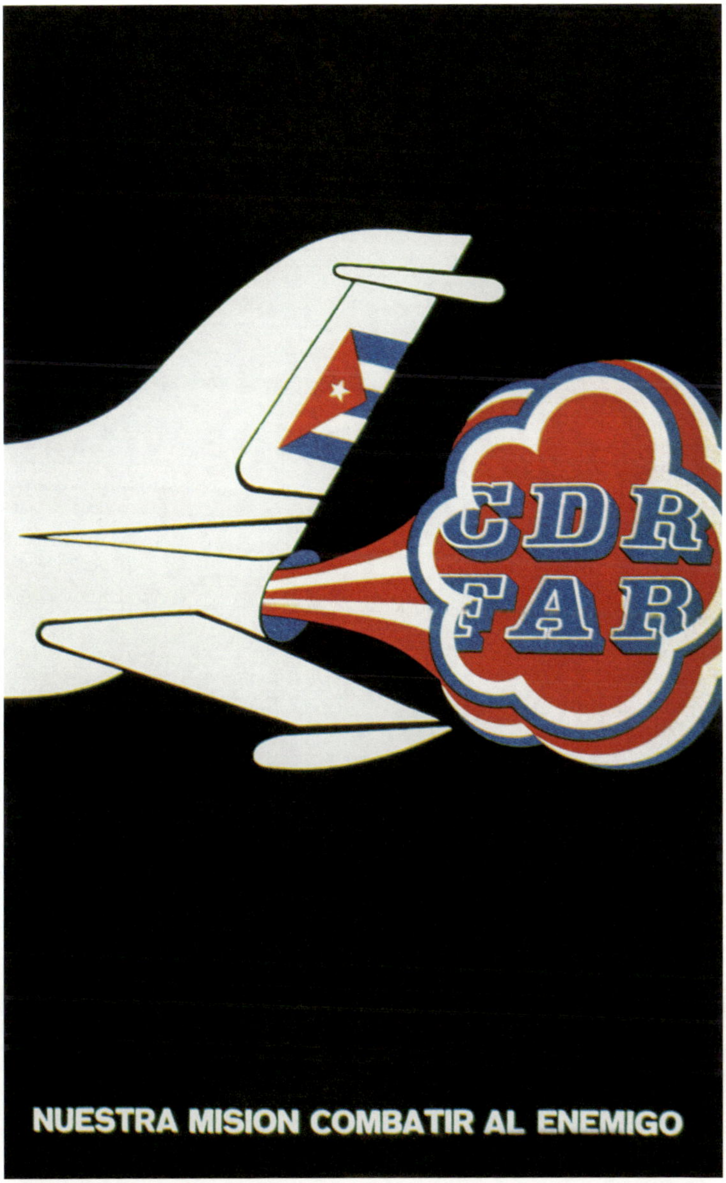

38 ***CDR, FAR nuestra misión combatir al enemigo***
Circa 1975
CDR (Comités de Defensa de la Revolución) / FAR (Fuerzas Armadas Revolucionarias)

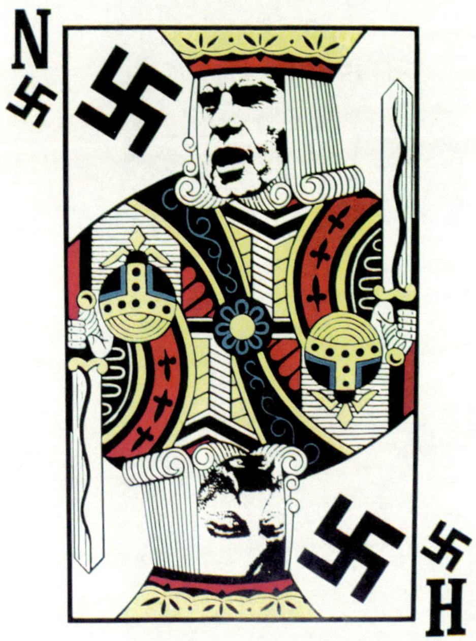

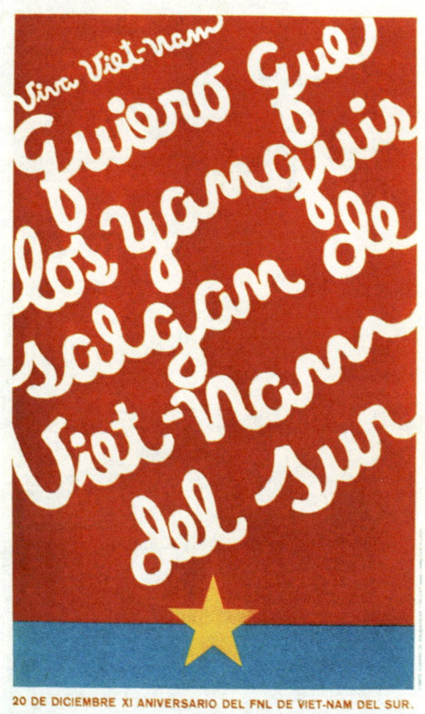

39 ***[Naipe con las caras de Nixon y Hitler]***
Luis Álvarez. OCLAE, 1971

40 ***Viva Viet Nam, quiero que los yanquis salgan de Viet Nam del Sur***
1976

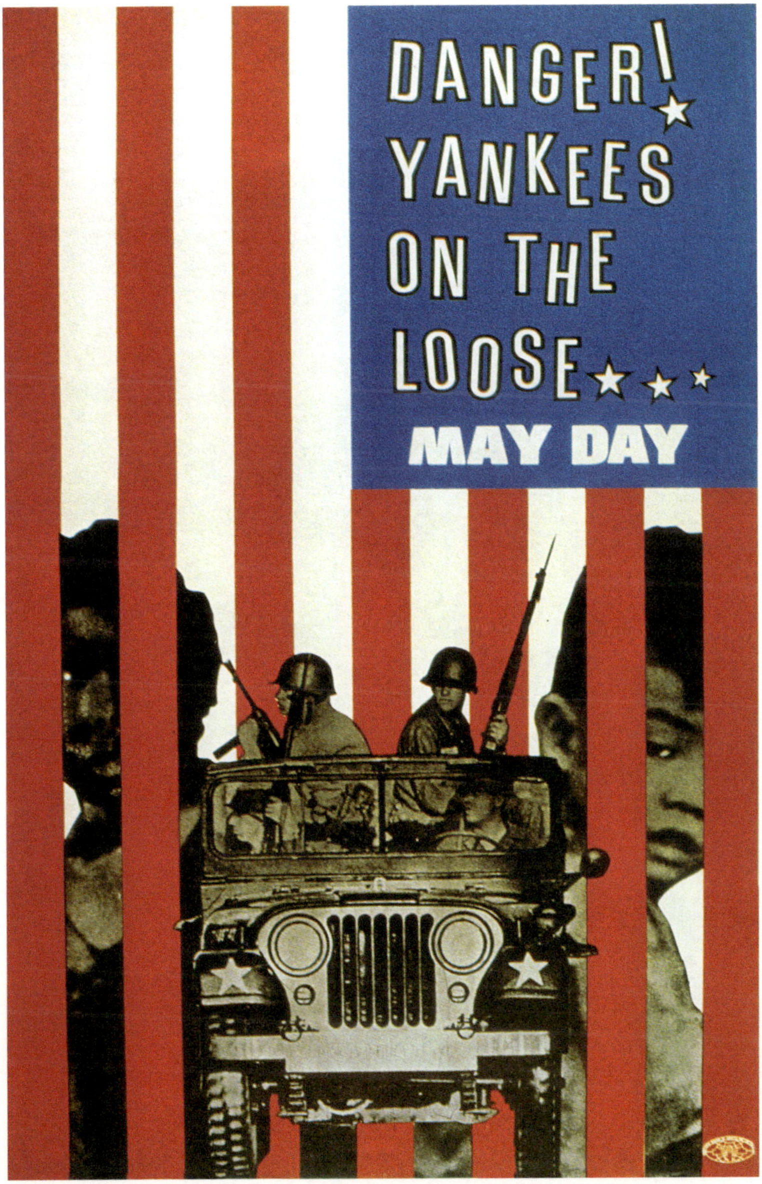

41 ***Danger! Yankees on the loose. May Day***

Circa 1971

El Primero de Mayo de 1971, activistas contrarios a la guerra de Vietnam iniciaron una manifestación pacífica con el objetivo de paralizar Washington durante una semana. Miles de personas fueron detenidas.

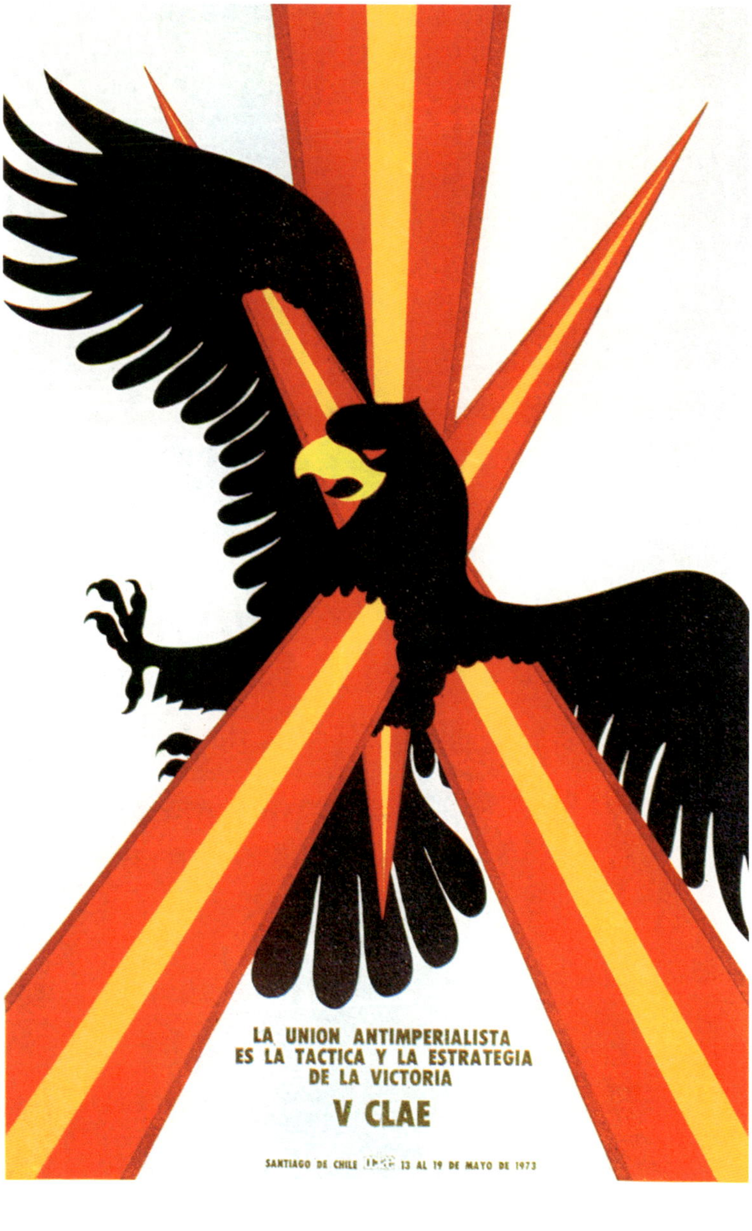

42 ***V CLAE. La unión antimperialista es la táctica y la estrategia de la victoria***
OCLAE, 1976

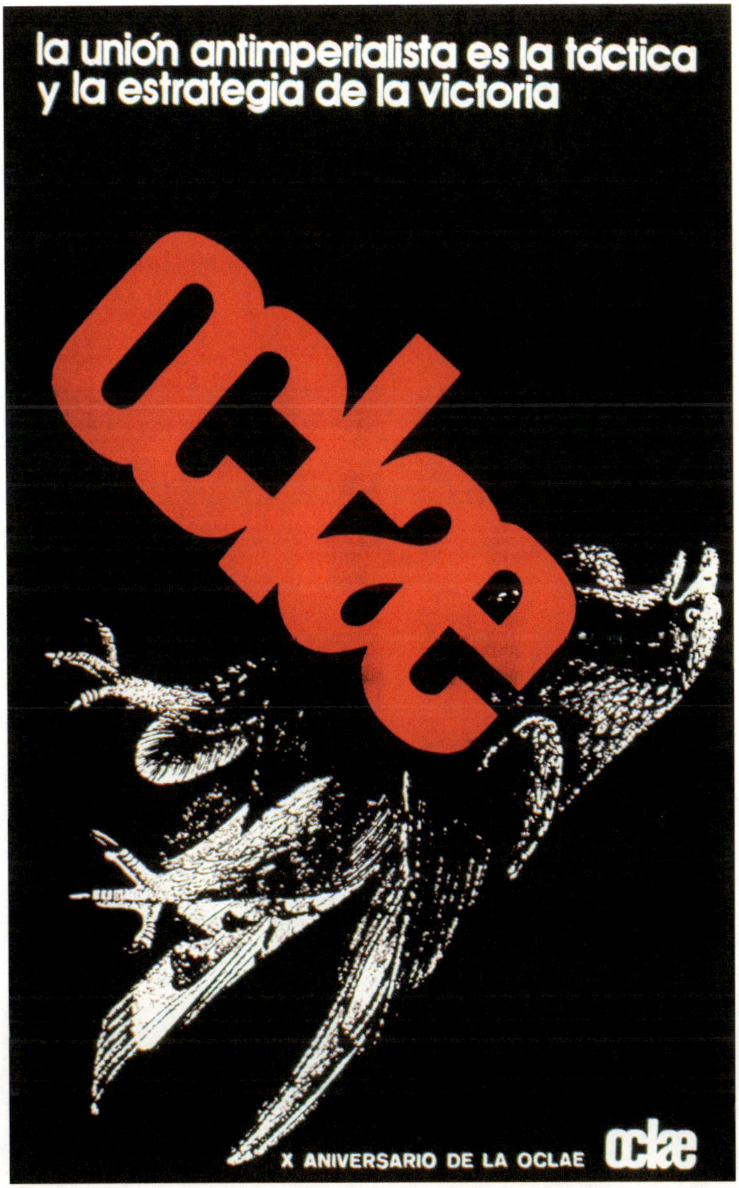

43 ***La unión antimperialista es la táctica y la estrategia de la victoria***
OCLAE, 1976

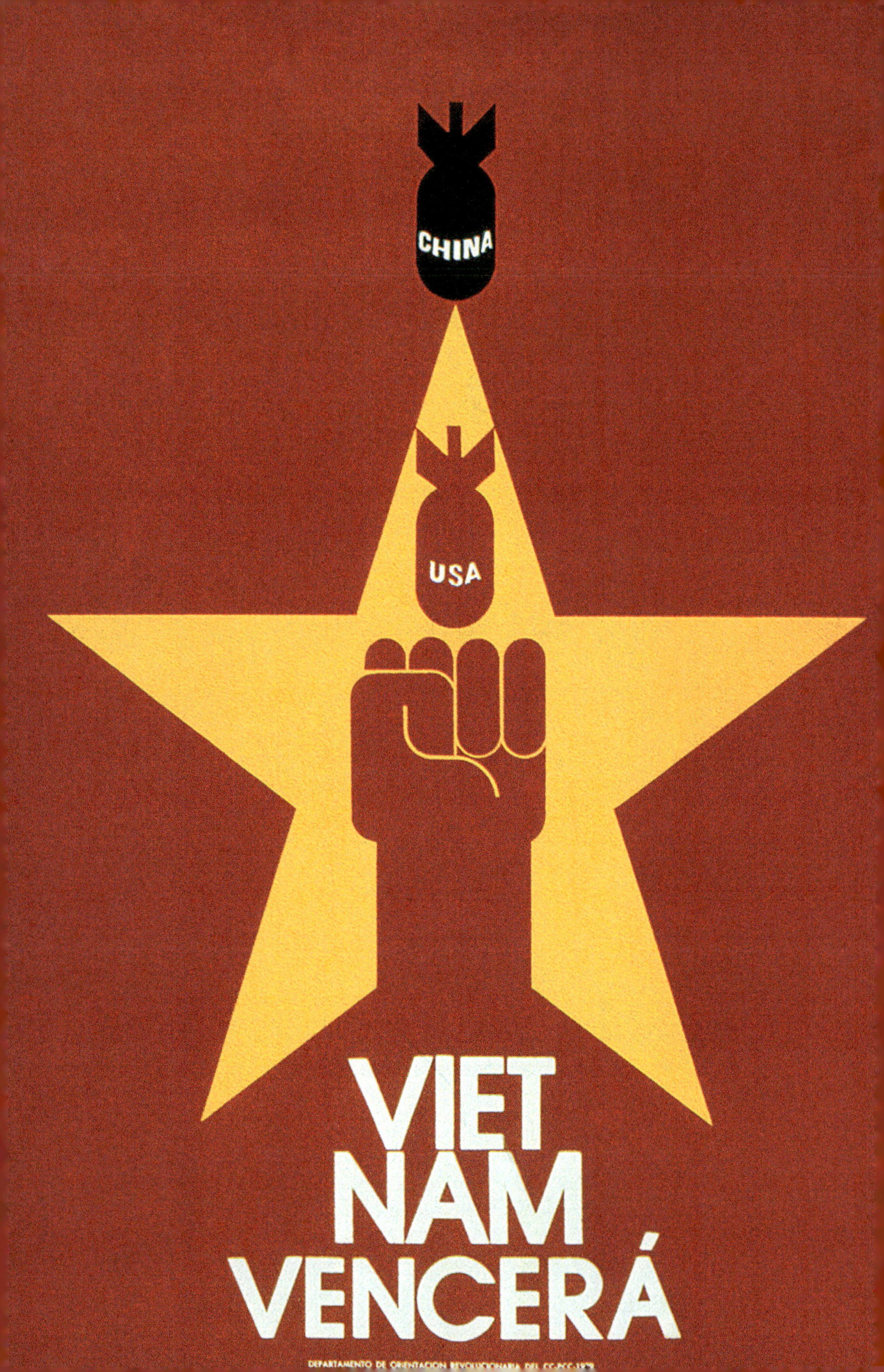
CHINA
USA
VIET
NAM
VENCERÁ
DEPARTAMENTO DE ORIENTACION REVOLUCIONARIA DEL CC-PCC-1979

44 ***Viet Nam vencerá***
DOR, 1979

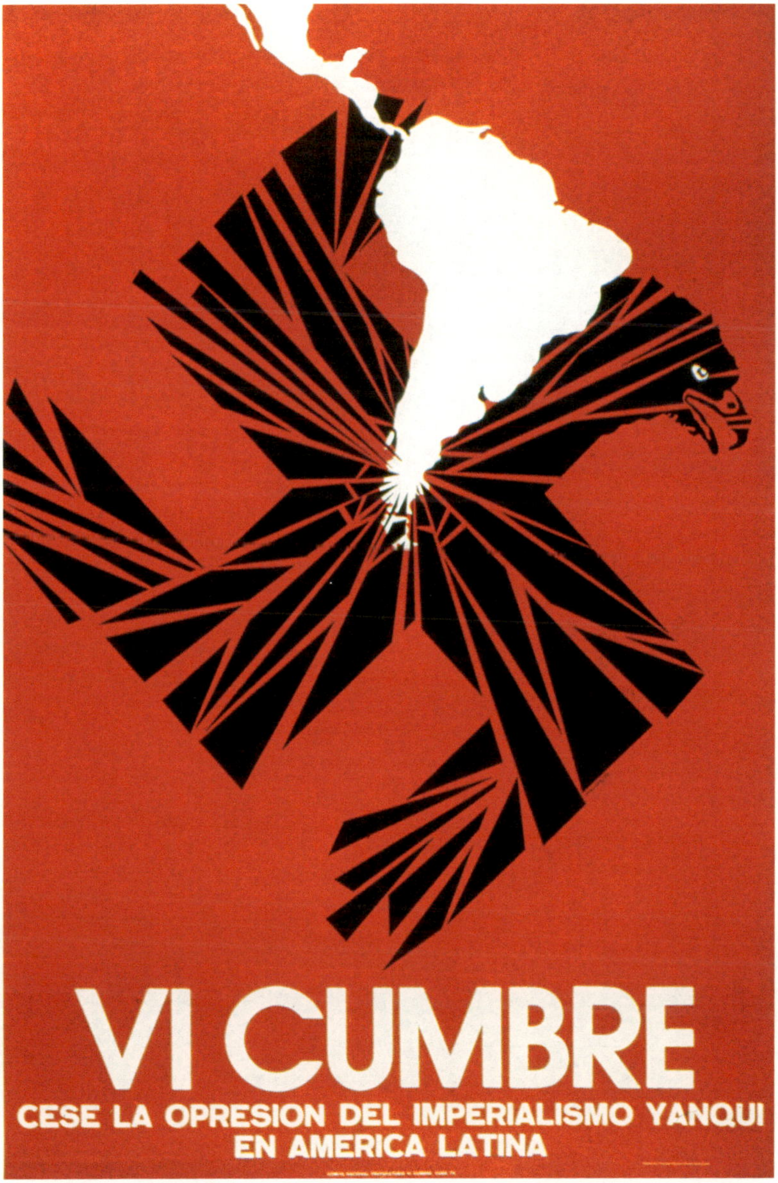

45 ***VI Cumbre. Cese la opresión del imperialismo yanqui en América Latina***
Comité Preparatorio VI Cumbre (Movimiento de Países no Alineados), 1979

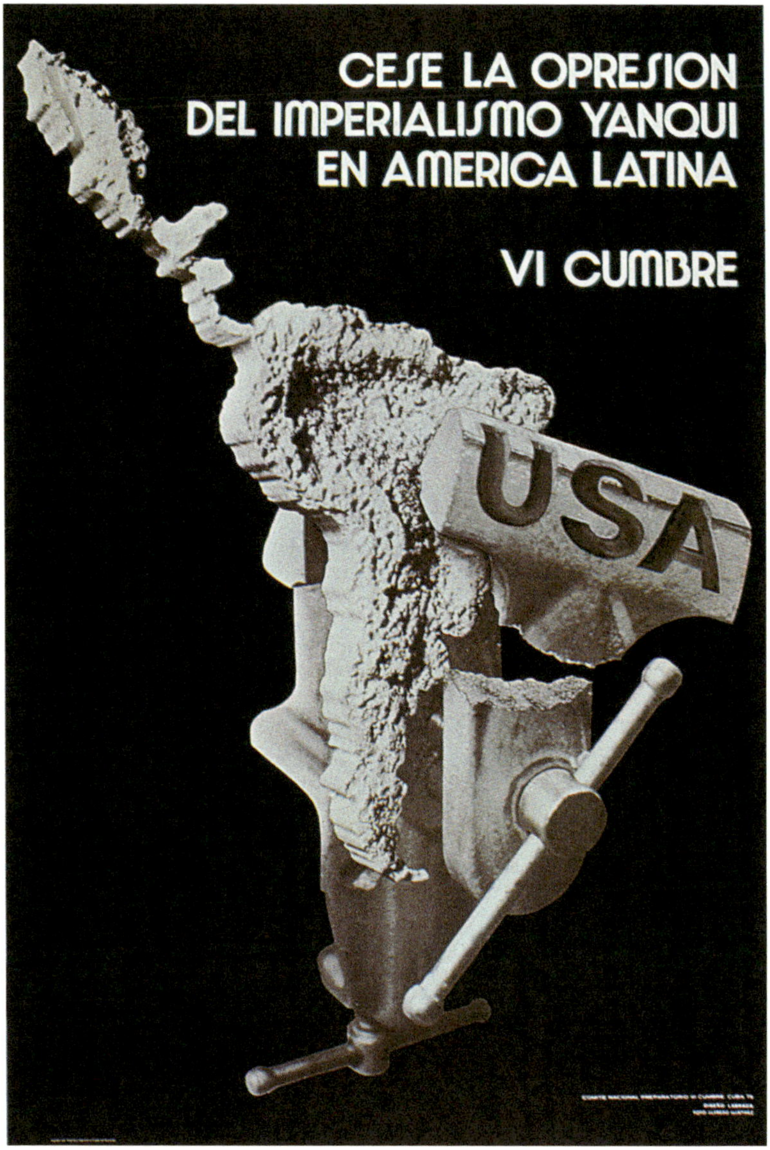

46 ***Cese la opresión del imperialismo yanqui en América Latina***
Reinaldo Labrada. Comité Preparatorio VI Cumbre (Movimiento de Países no Alineados), 1979

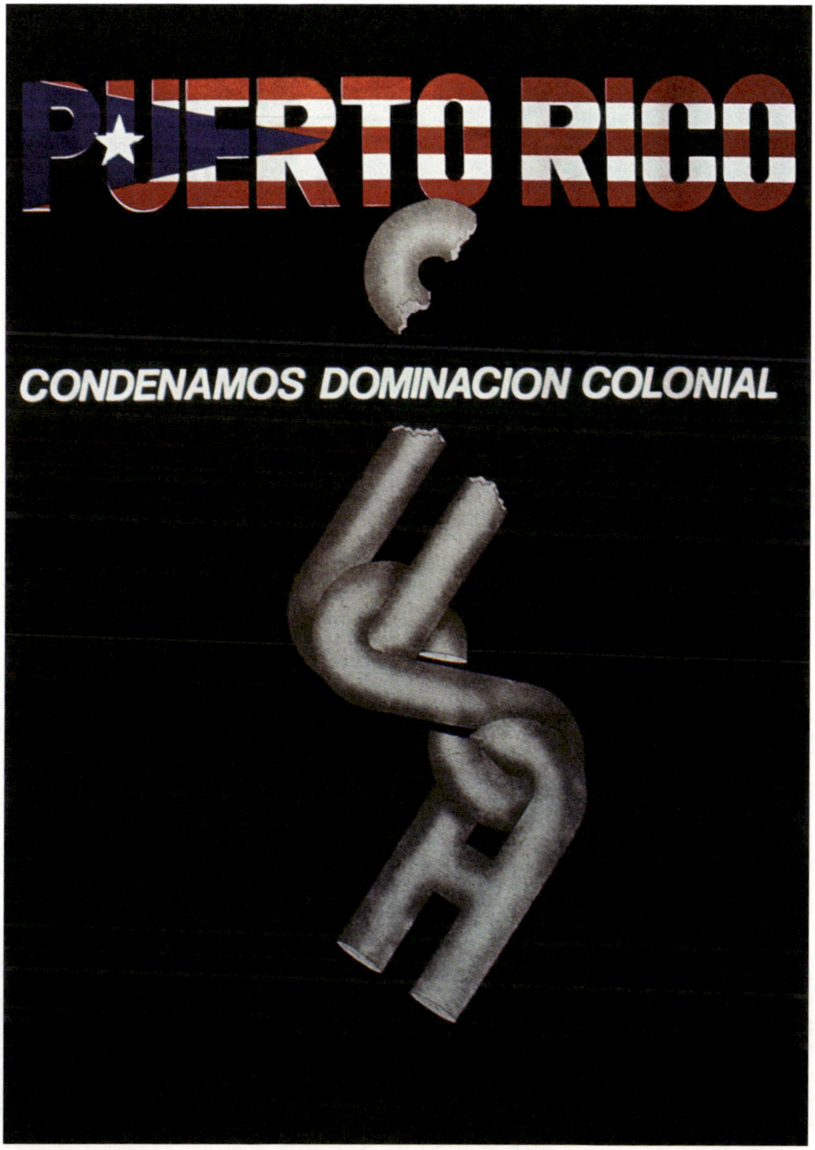

47 ***Puerto Rico. Condenamos dominación colonial***
1979

80's

El período de distensión que la presidencia de Jimmy Carter había inaugurado acaba con la crisis migratoria de Mariel. La propaganda se hace eco de este contencioso y actualiza viejos temas como el bloqueo. El anticomunismo de Reagan pone en guardia a Cuba. Su hostilidad hacia la Nicaragua sandinista y la invasión de Granada convencen a La Habana de la posibilidad de un ataque norteamericano, sobre todo cuando la URSS anuncia que en caso de agresión no la socorrerá. La gráfica se ocupa de denunciar las intervenciones de Washington en Centroamérica y el Caribe, a la vez que renueva su retórica bélica al incorporar la caricatura y el sarcasmo sin abandonar la imagen del enemigo derrotado y destruido y su seguridad en la victoria. La propuesta del impago de la deuda externa abre otro tema de confrontación con Estados Unidos, paradigma del orden económico que Cuba condena.

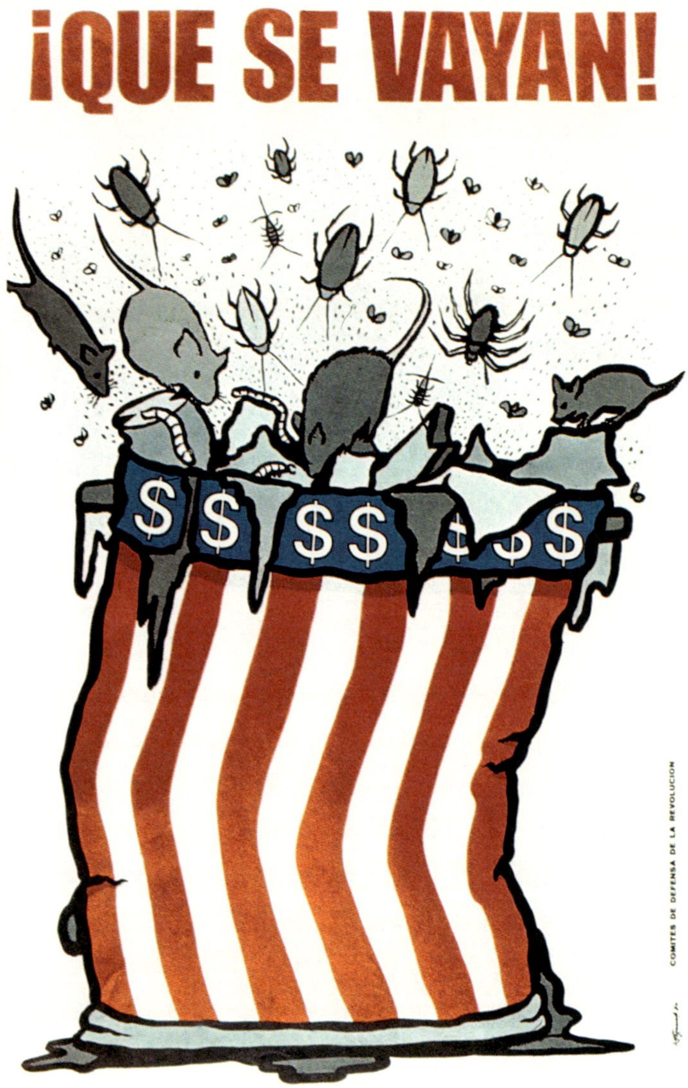

48 ***¡Que se vayan!***
Comités de Defensa de la Revolución, 1980

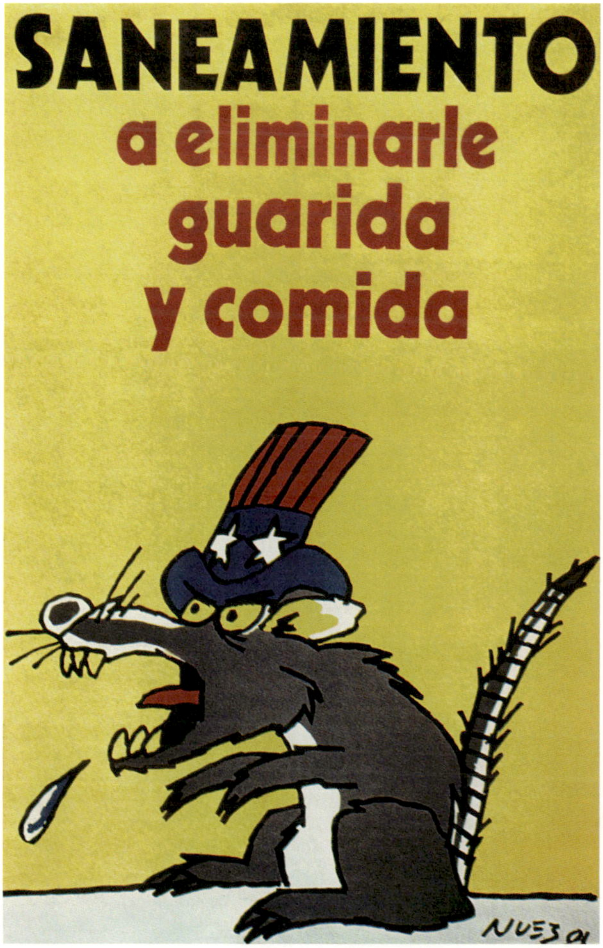

49 ***Saneamiento, a eliminarle guarida y comida***
René de la Nuez. DOR, 1981

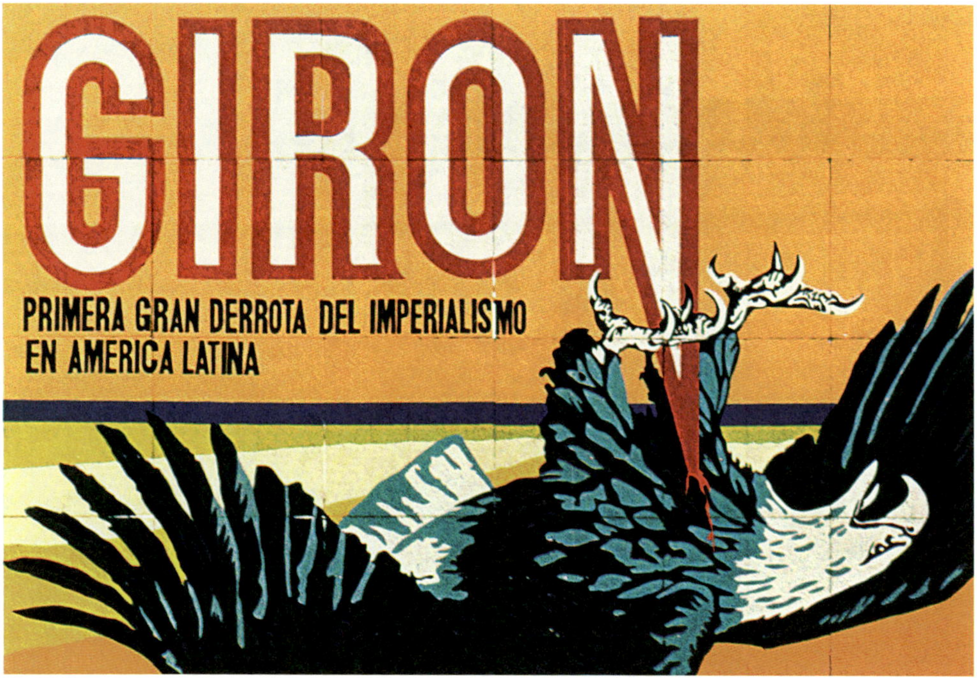

50 ***Girón. Primera derrota del imperialismo en América Latina***
Circa 1980

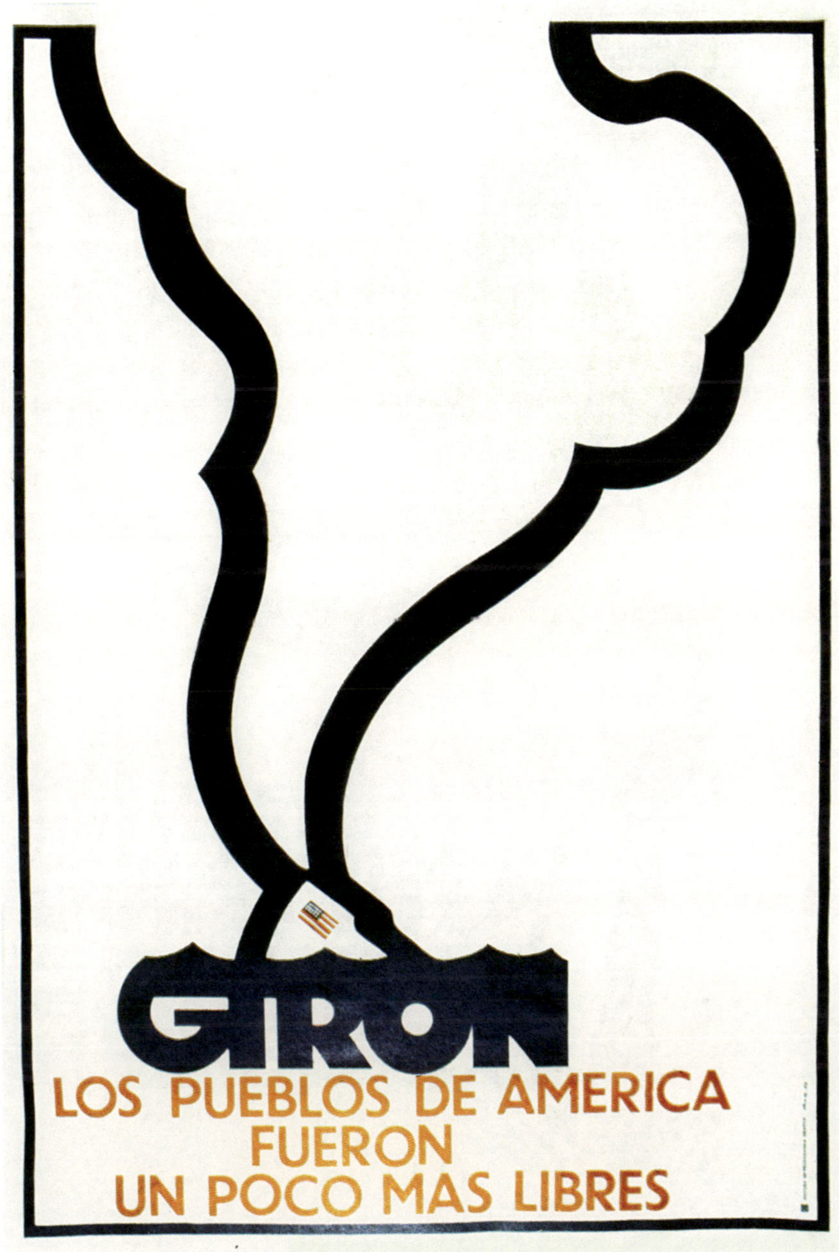

51 ***Girón. Los pueblos de América fueron un poco más libres***
Faustino Pérez. Editora de Propaganda Gráfica, 1986

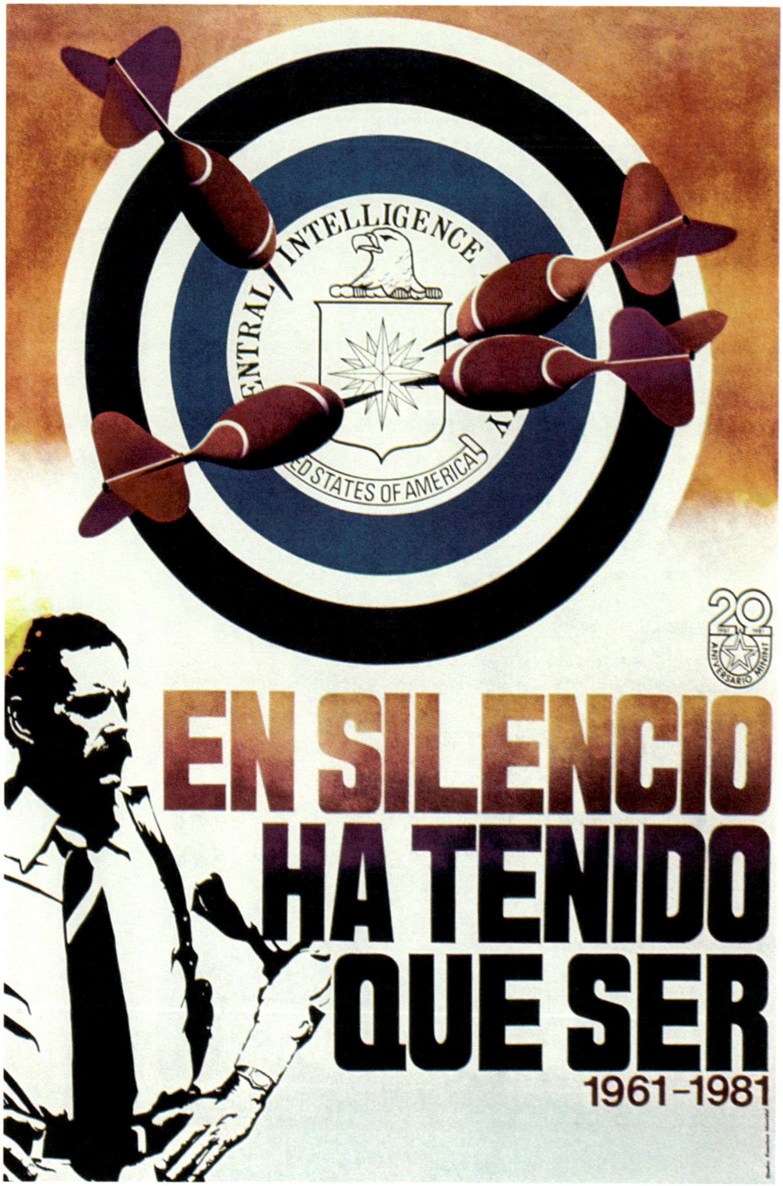

52 ***En silencio ha tenido que ser***

Francisco Masvidal. 1981

Cartel con motivo del vigésimo aniversario de la creación del Ministerio del Interior. Su título procede de una famosa serie de televisión cubana de la época sobre las peripecias de un agente infiltrado en Estados Unidos.

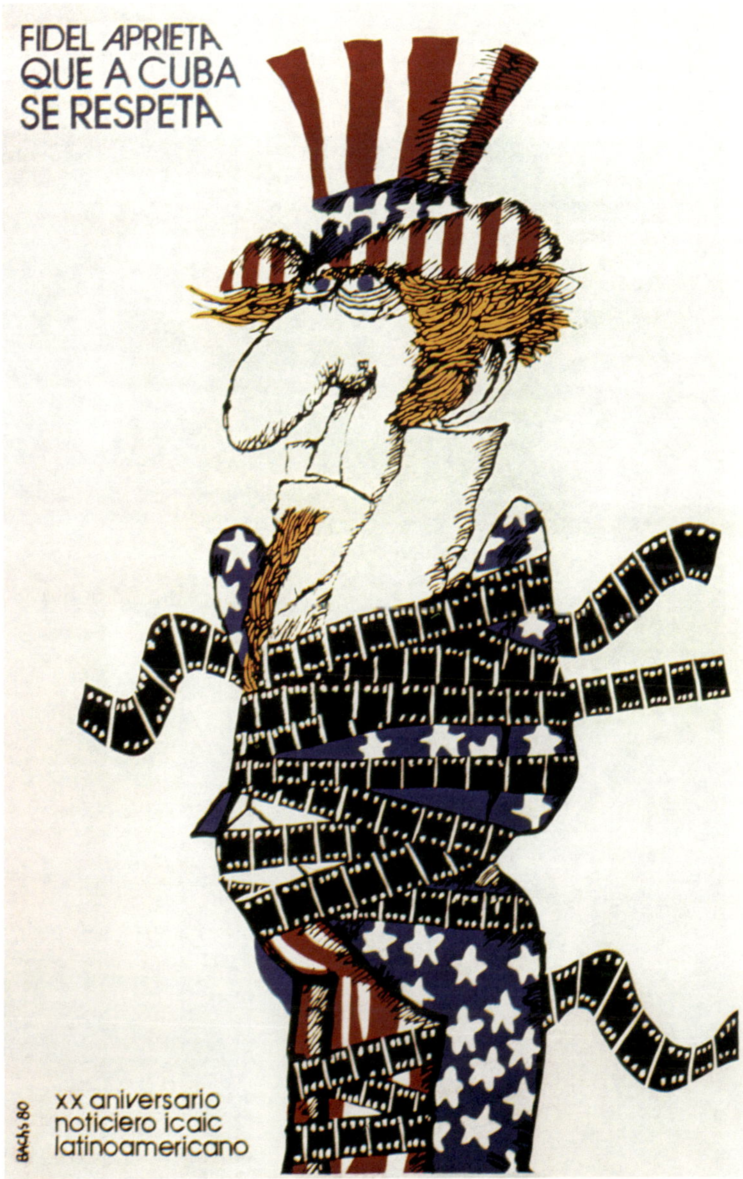

53 ***Fidel apriota que a Cuba se respeta***
Eduardo Muñoz Bachs. ICAIC, 1980

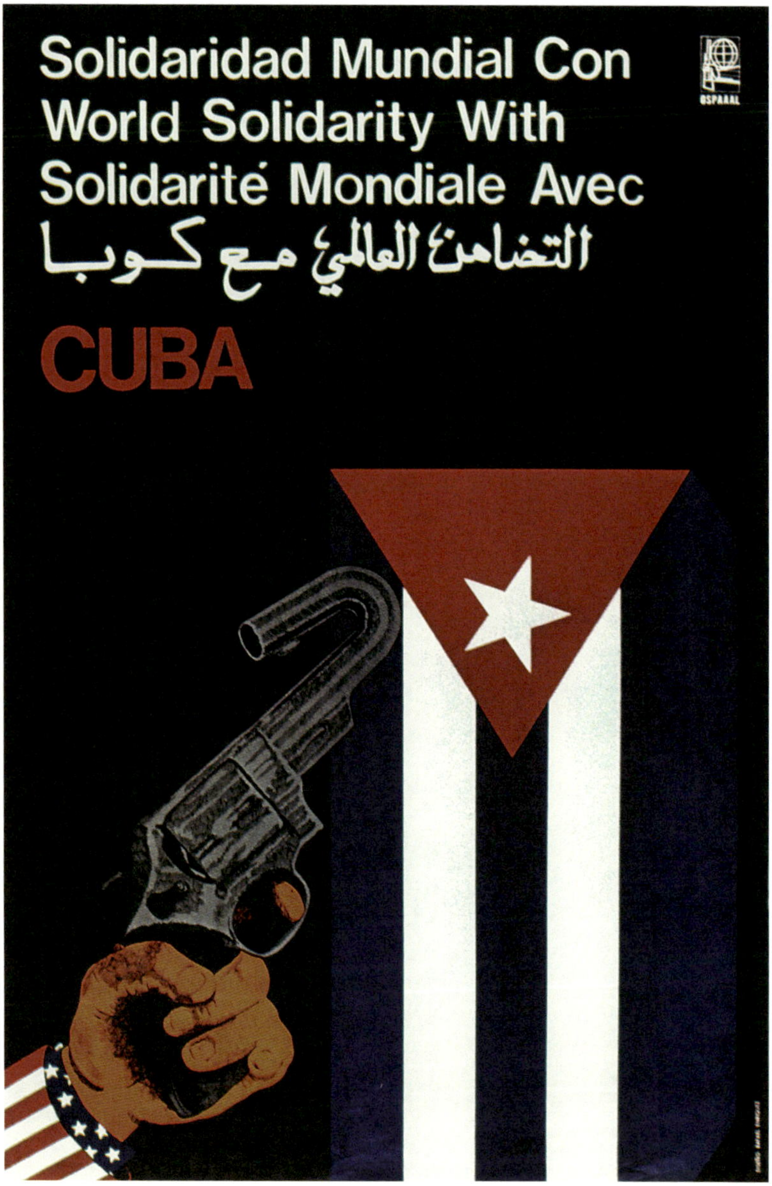

54 ***Solidaridad mundial con Cuba***
Rafael Enríquez. OSPAAAL, 1980

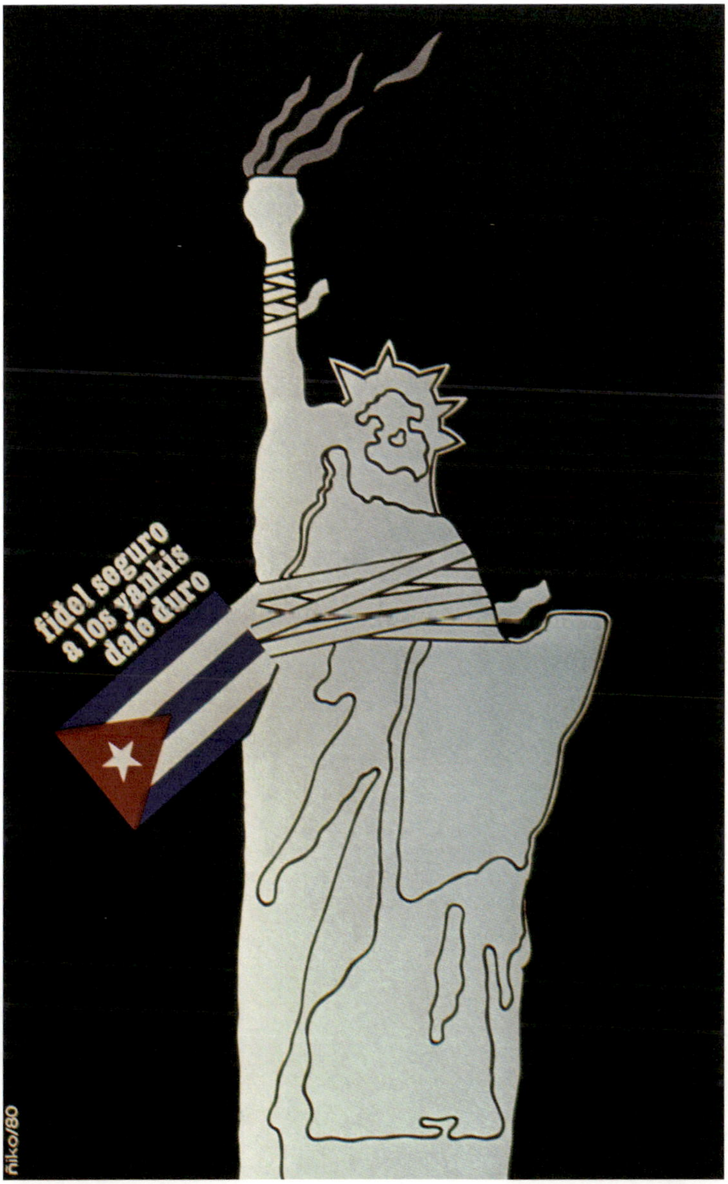

55 ***Fidel seguro a los yankis dale duro***
Antonio Pérez 'Ñiko'. Ministerio de Cultura, 1980

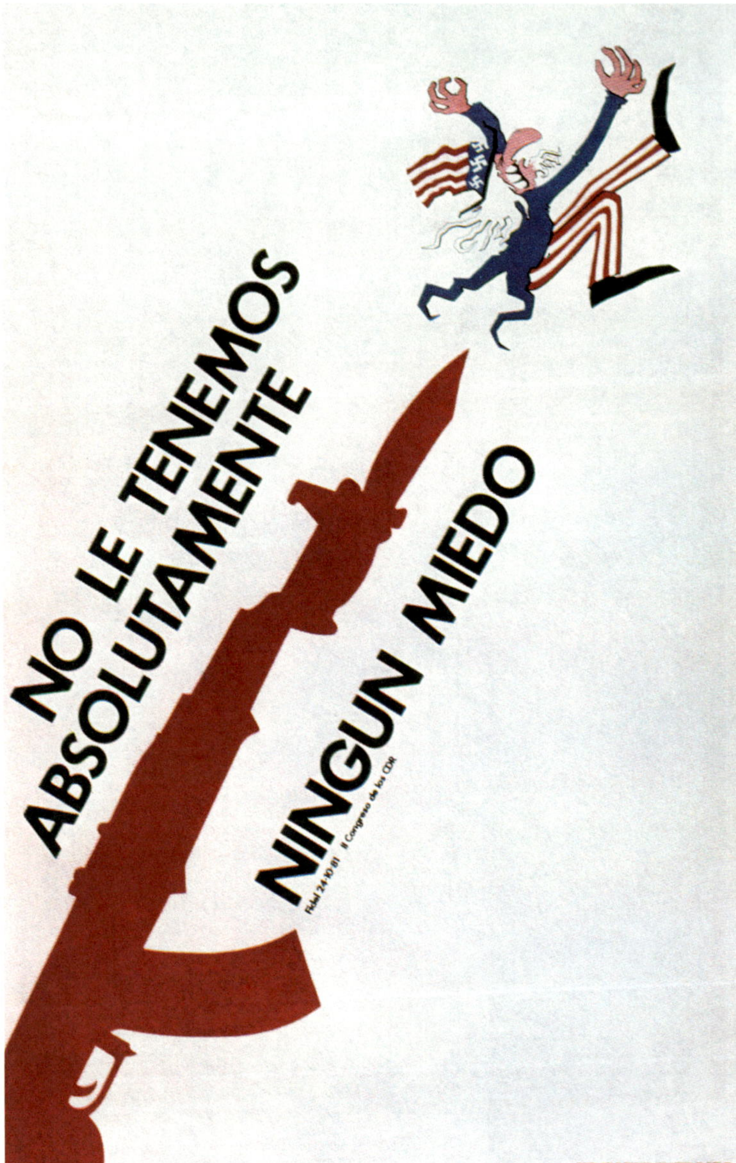

56 ***No les tenemos absolutamente ningún miedo***
Roberto Figueredo. DOR, 1981

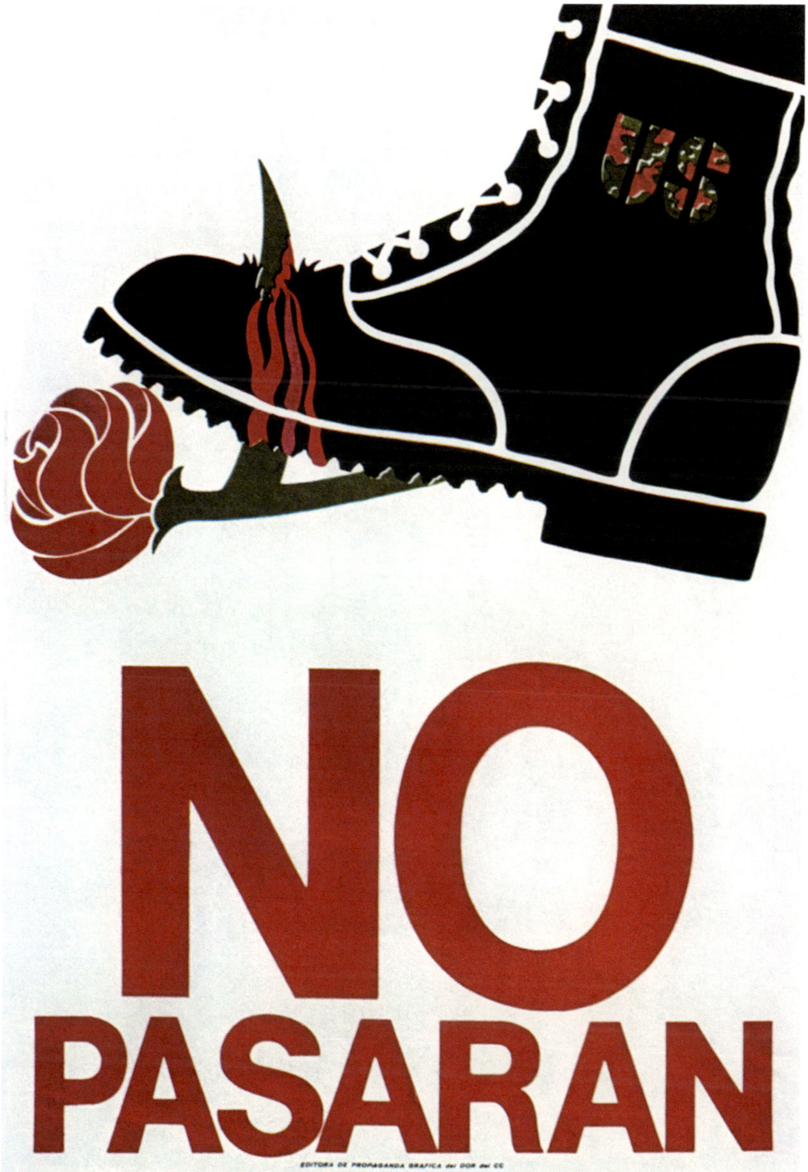

57 ***No pasarán***
Editora de Propaganda Gráfica, circa 1985

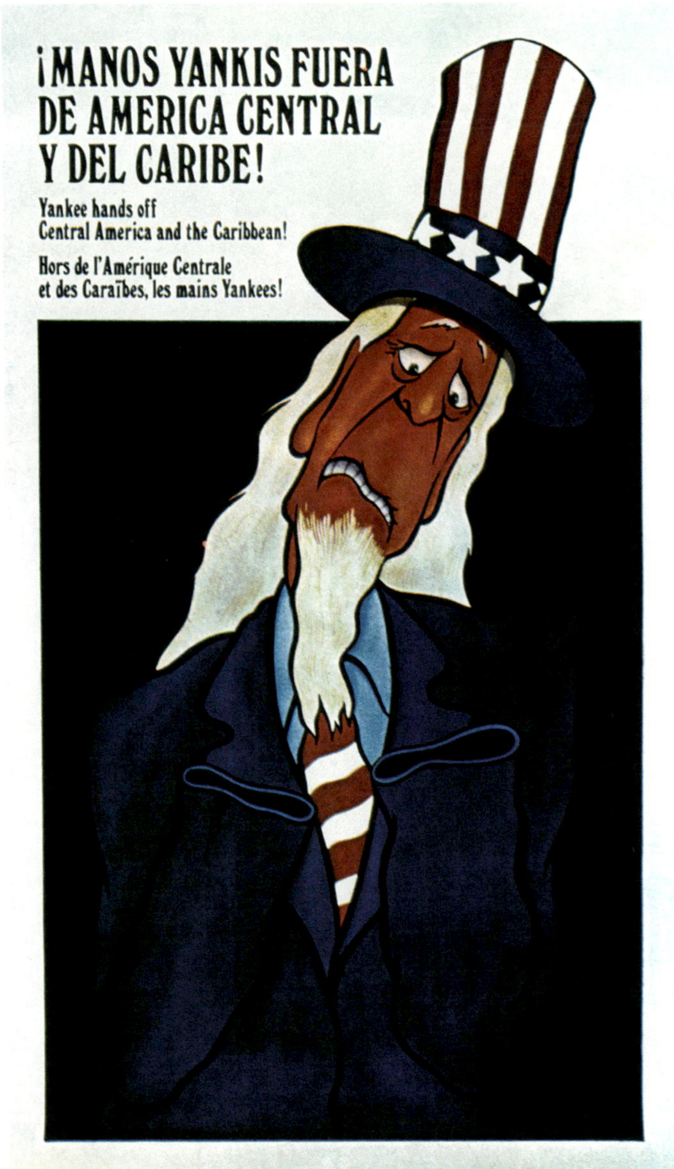

58 ***¡Manos yankis fuera de América Central y del Caribe!***
Circa 1983

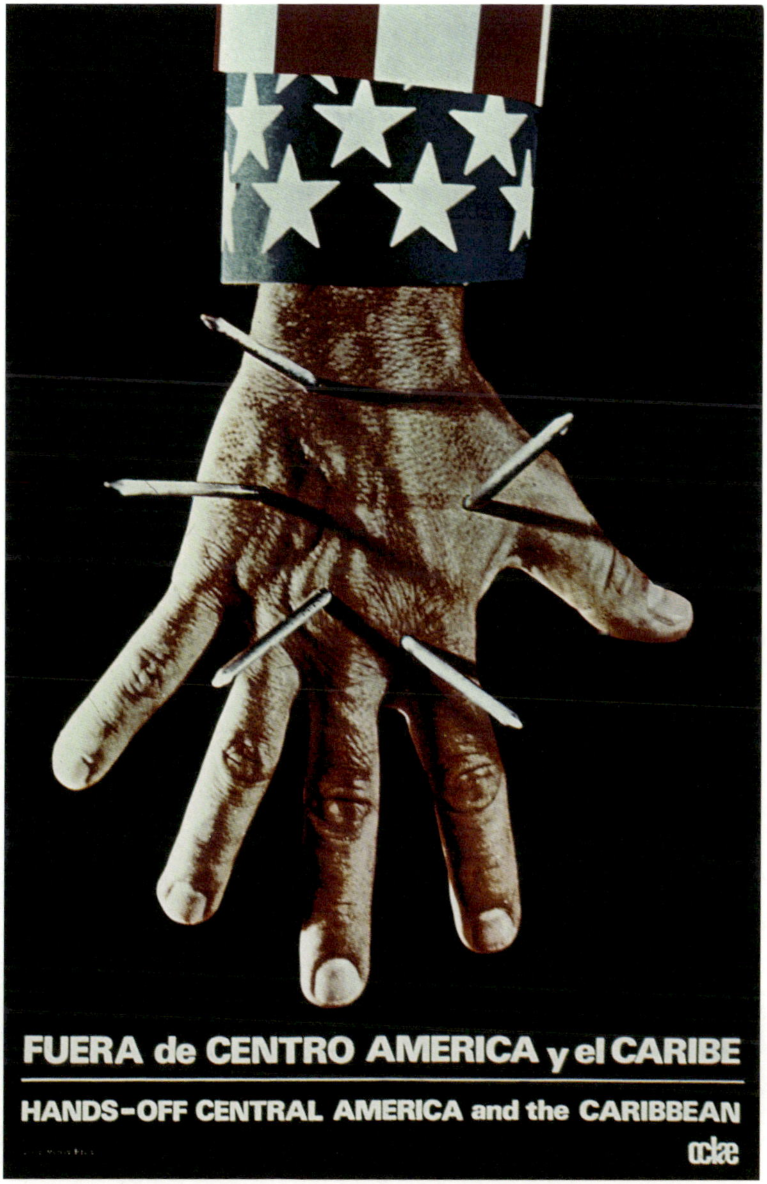

59 ***Fuera de Centro América y el Caribe***
OCLAE, circa 1983

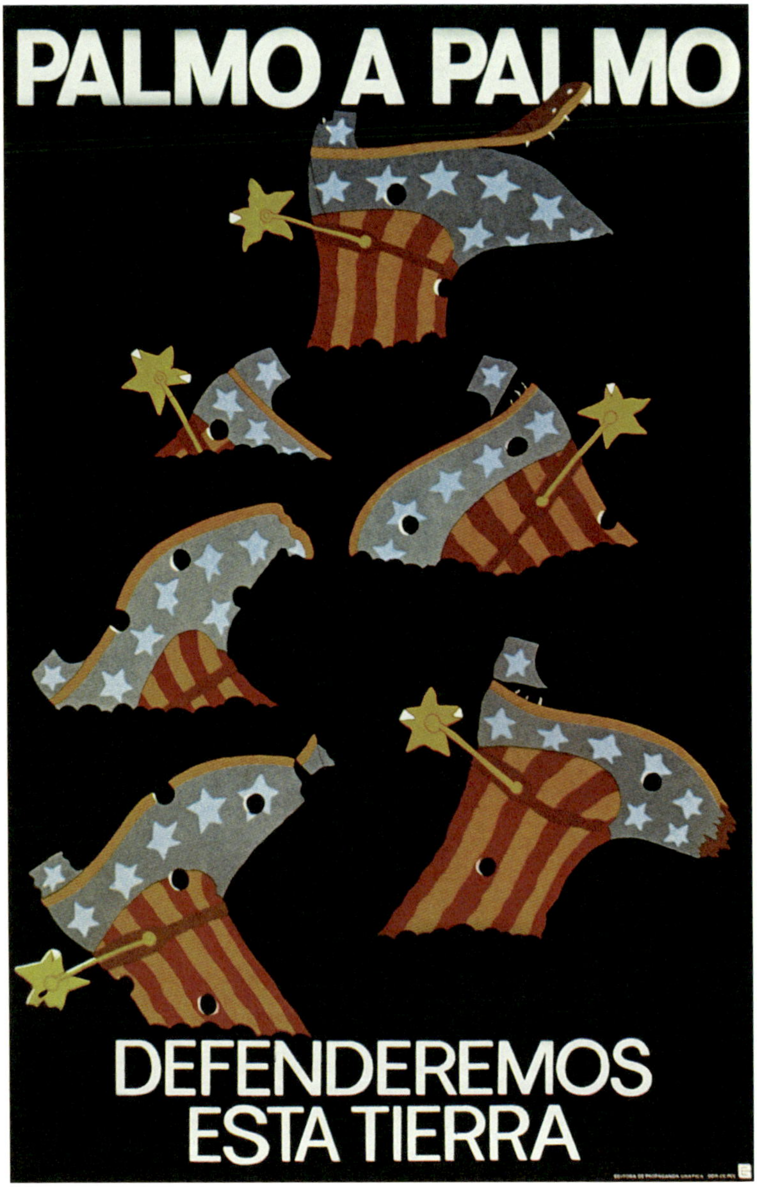

60 ***Palmo a palmo defenderemos esta tierra***
Editora de Propaganda Gráfica, circa 1985

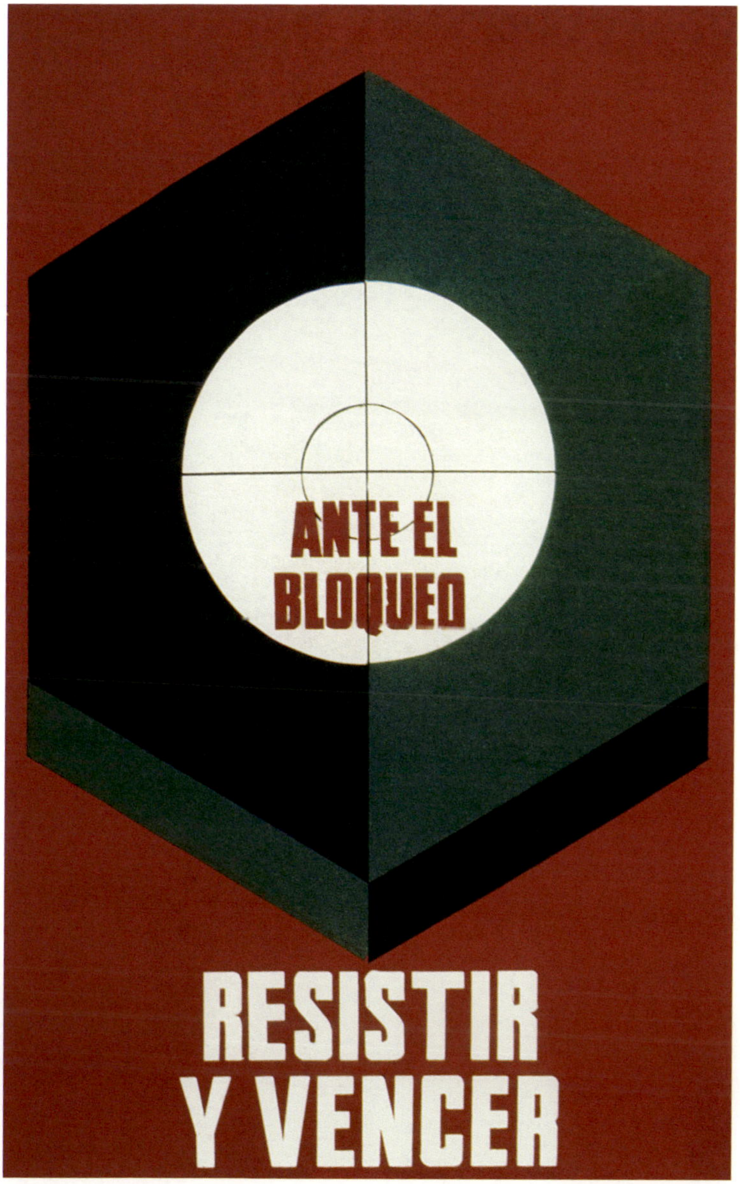

61 ***Ante el bloqueo. Resistir y vencer***
Circa 1980

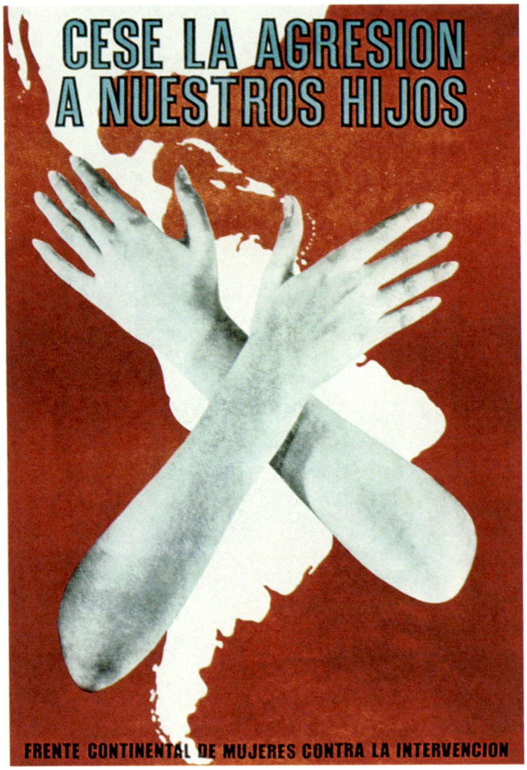

62 ***Cese la agresión a nuestros hijos***
1984
El Frente Continental de Mujeres contra la Intervención se fundó en Cuba a raíz de la invasión de Estados Unidos de la isla de Granada.

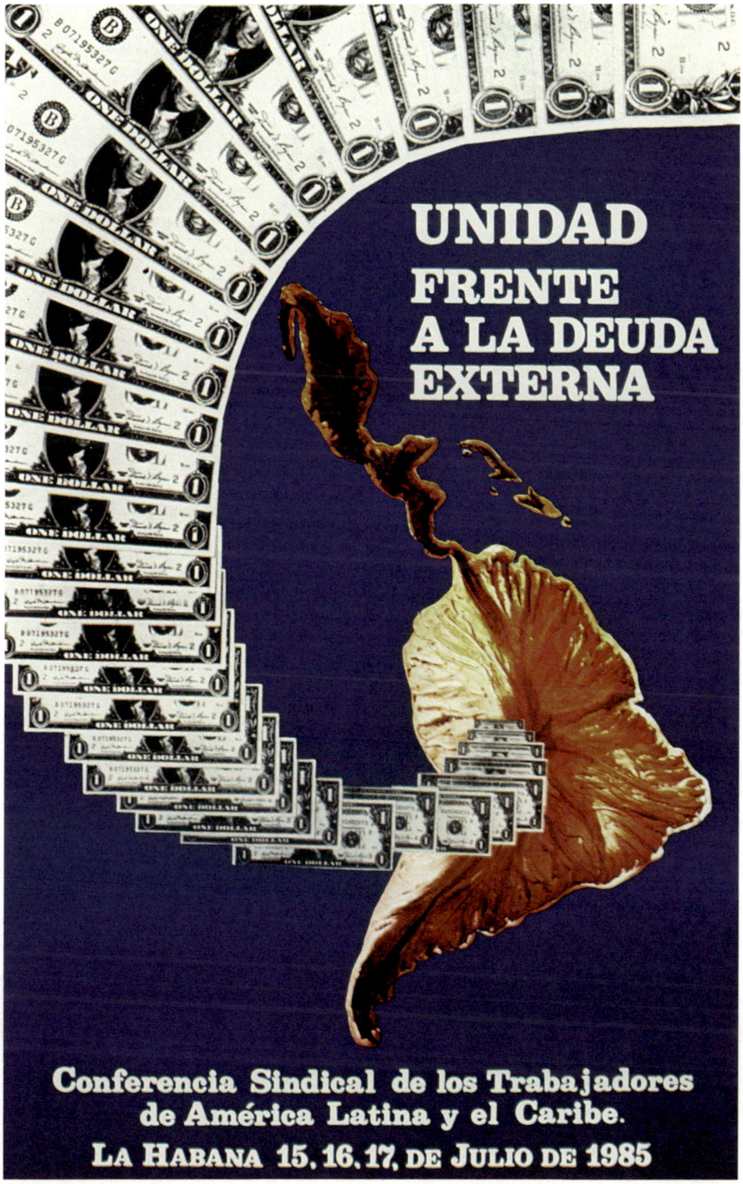

63 ***Unidad frente a la deuda externa***
1985

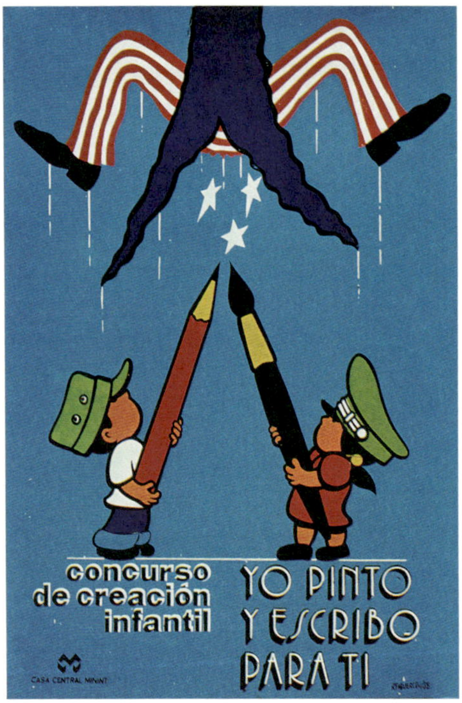

64 ***Yo escribo y pinto para ti***
Roberto Figueredo. Casa Central MININT, 1985

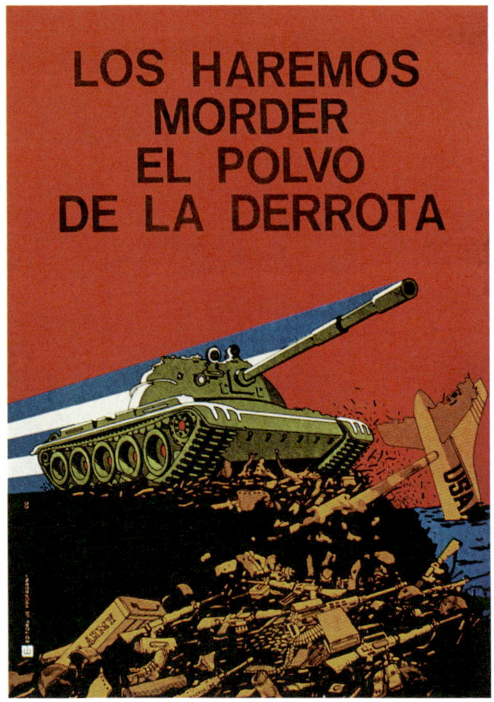

65 ***Los haremos morder el polvo de la derrota***
Editora de Propaganda Gráfica, circa 1985

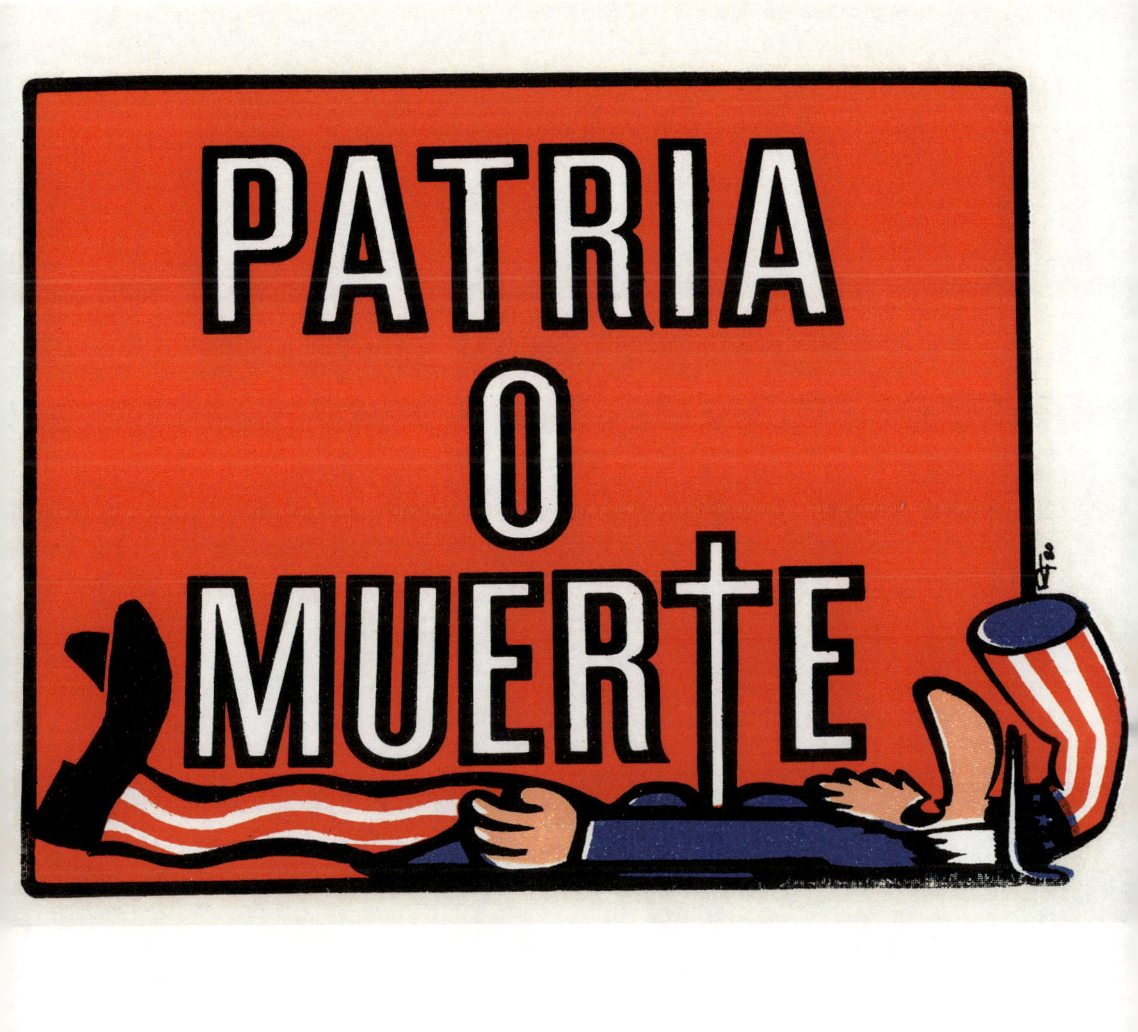

66 ***Patria o muerte***
1980

90's

El asedio no cesa. Washington crea Televisión Martí para inundar la isla con propaganda anticastrista, pero La Habana consigue interferir la señal. Lo que no puede evitar es que la URSS pierda la Guerra Fría y se hunda. Sin la asistencia económica y militar del bloque socialista comienza la etapa más crítica para la Revolución, el 'Período especial en tiempos de paz'. La escasez general afecta también a la edición de carteles, que prácticamente desaparecen. Cuba es más isla que nunca, y Estados Unidos está decidido a precipitar su caída endureciendo el bloqueo. Las leyes Torricelli y Helms-Burton se añaden a su estrategia de asfixia económica, que la gráfica denuncia como genocidio. La atmósfera de fortaleza asediada también impregna su discurso con mensajes de resistencia y unidad. Washington insiste en hostigar a Cuba y la acusa de no respetar los derechos humanos. La Habana dice usar una vara de medir distinta sobre este asunto.

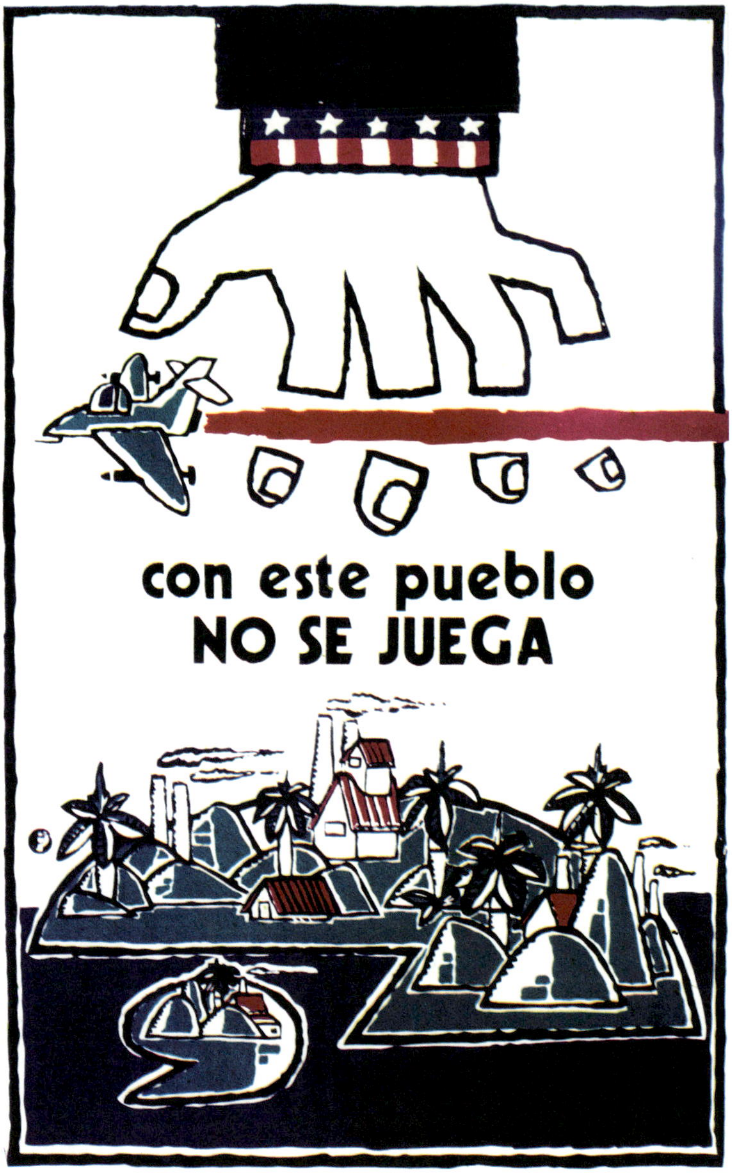

67 ***Con este pueblo no se juega***
Editora Política, 1990

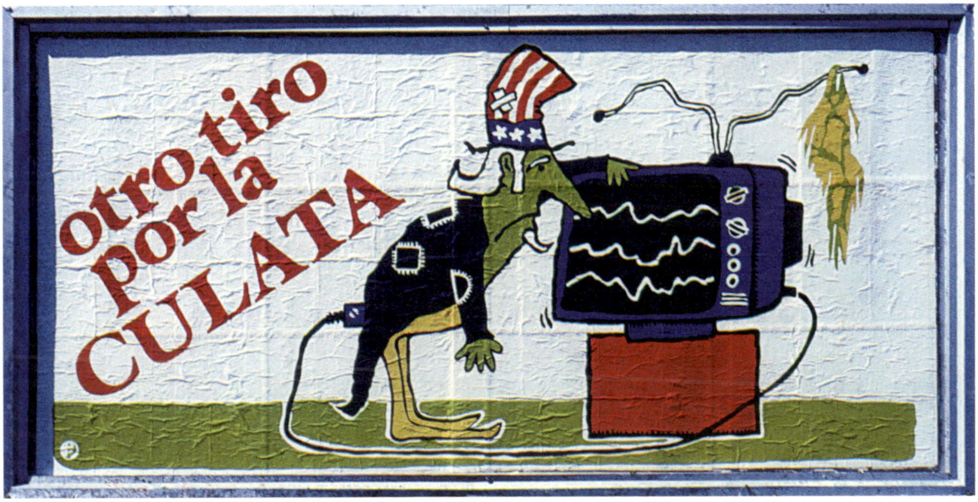

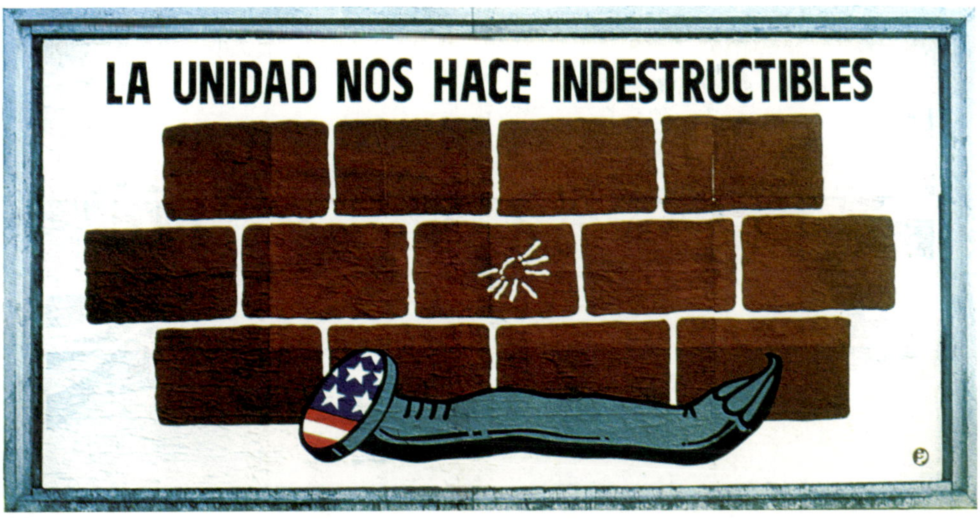

68 ***Otro tiro por la culata***
Editora Política, 1990

69 ***La unidad nos hace indestructibles***
Editora Política, 1991

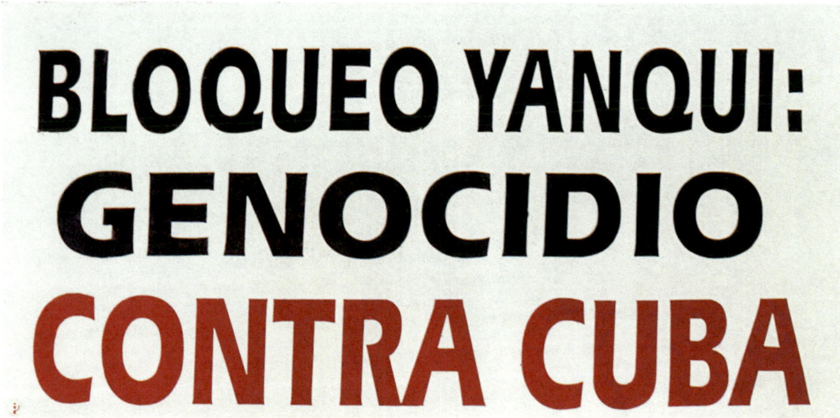

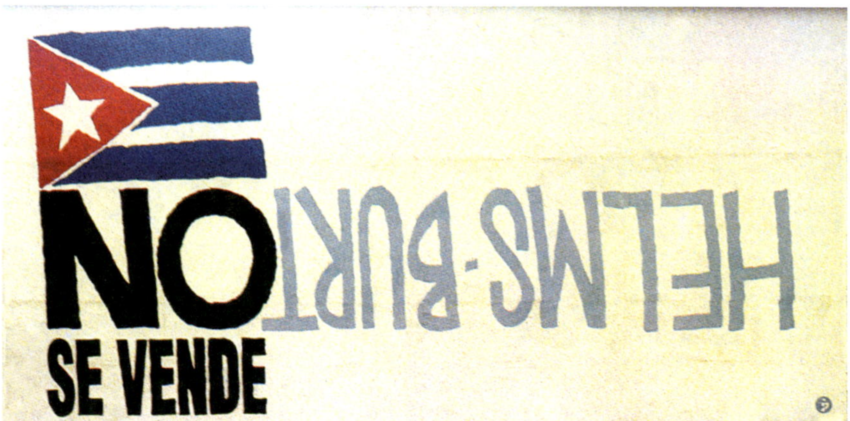

70 ***Bloqueo yanqui: genocidio contra Cuba***
Editora Política, circa 1997

71 ***[Cuba] no se vende. Helms-Burton***
Editora Política, 1996

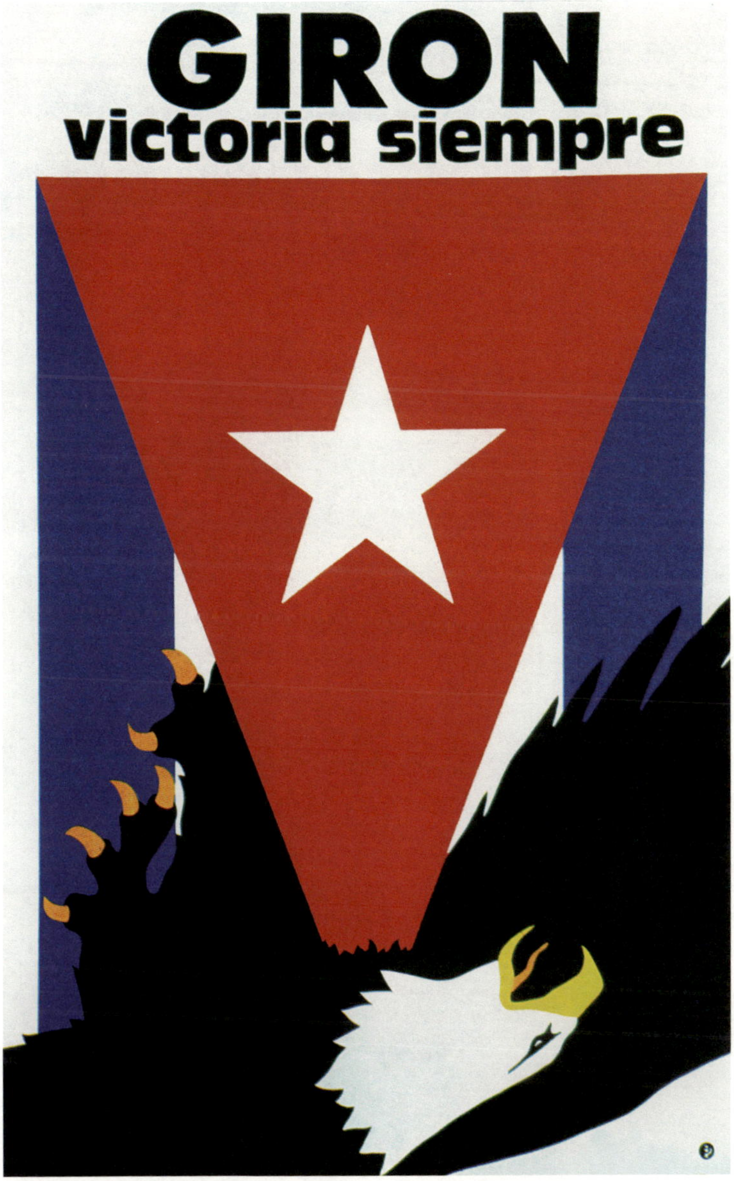

72 ***Girón. Victoria siempre***
1990

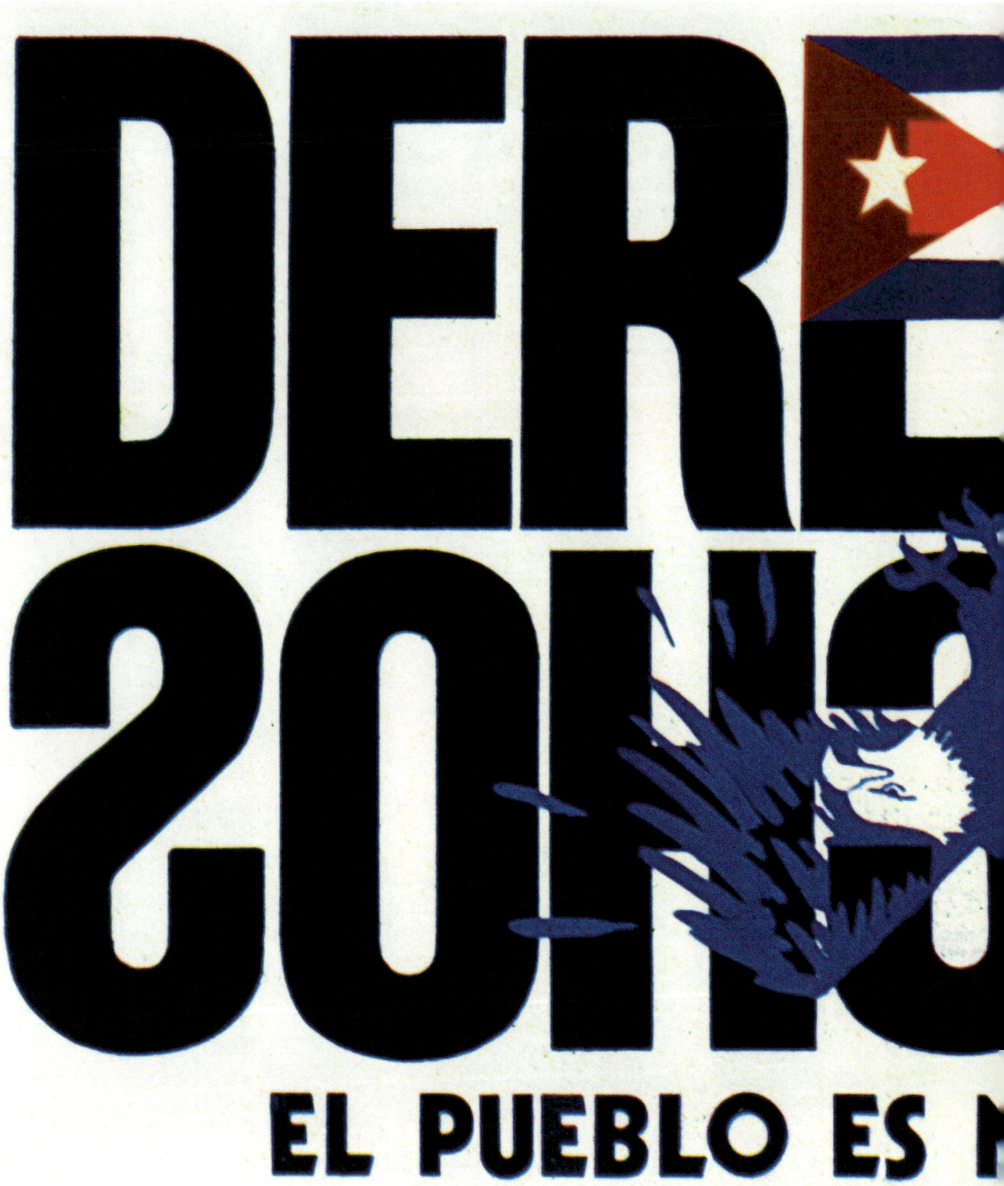
EL PUEBLO ES

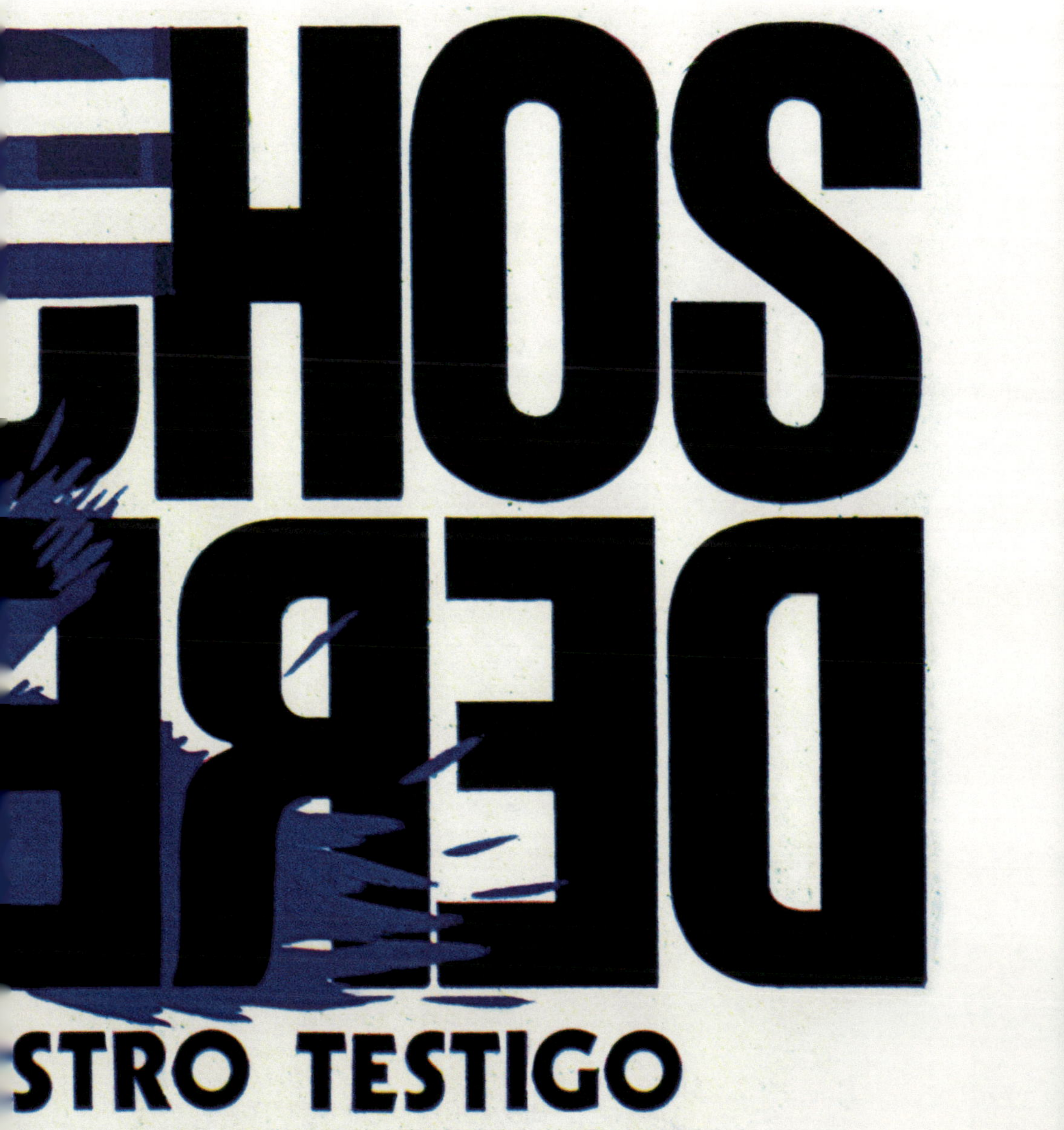

73 ***Derechos. El pueblo es nuestro testigo***
Editora Política, circa 1999

00's

La propaganda retoma el contencioso migratorio con el caso de Elián González, el niño balsero. Su vuelta a la isla es una derrota dolorosa para el exilio de Miami, pronto compensada por las durísimas condenas para los cinco agentes infiltrados en organizaciones anticastristas de Florida. Bush incluye a Cuba en el 'Eje del Mal', acusándola de apoyar el terrorismo. La gráfica replica con imágenes de prisioneros iraquíes torturados por soldados norteamericanos. La virulencia retórica aumenta cuando Washington se niega a extraditar a Posada Carriles, el cerebro del atentado de Barbados, virulencia que continúa con la condena del Plan Bush para desmantelar el modelo político de la isla y acelerar su transición hacia una economía de mercado. La hostilidad de la Casa Blanca también obliga a renovar el discurso sobre el bloqueo. Las referencias a Estados Unidos en la propaganda prácticamente desaparecen con la llegada de Obama a la presidencia.

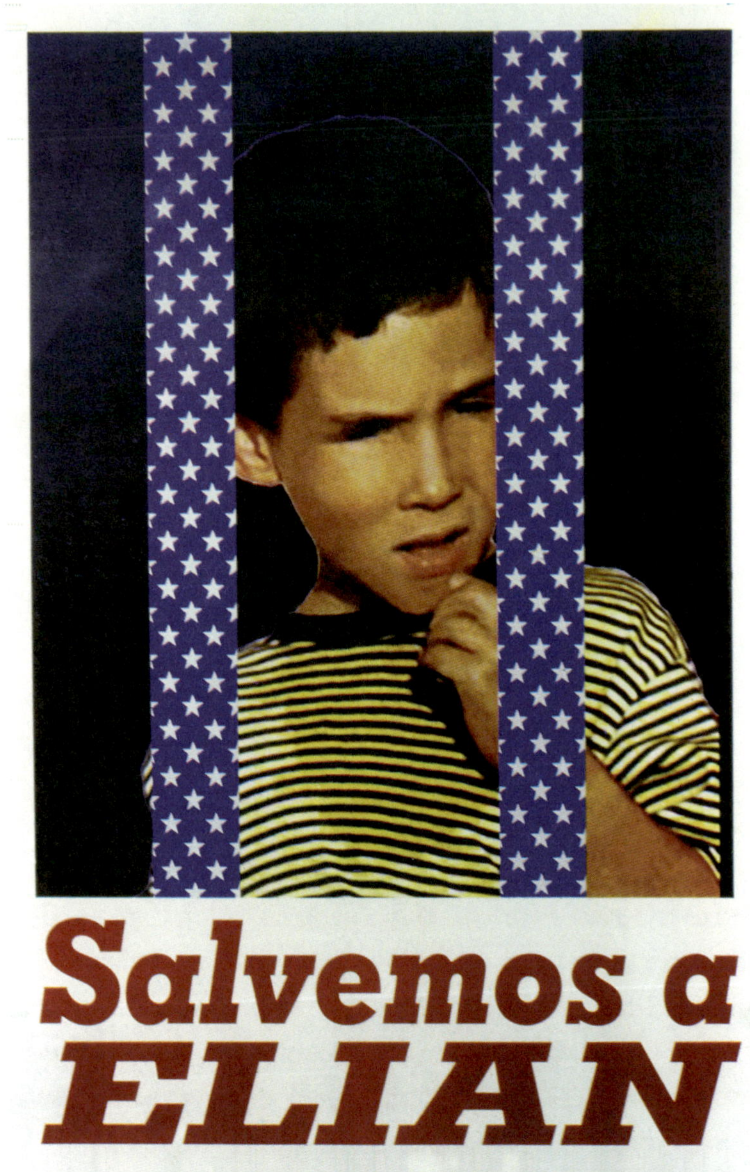

74 ***Salvemos a Elián***
Editora Política, 2000

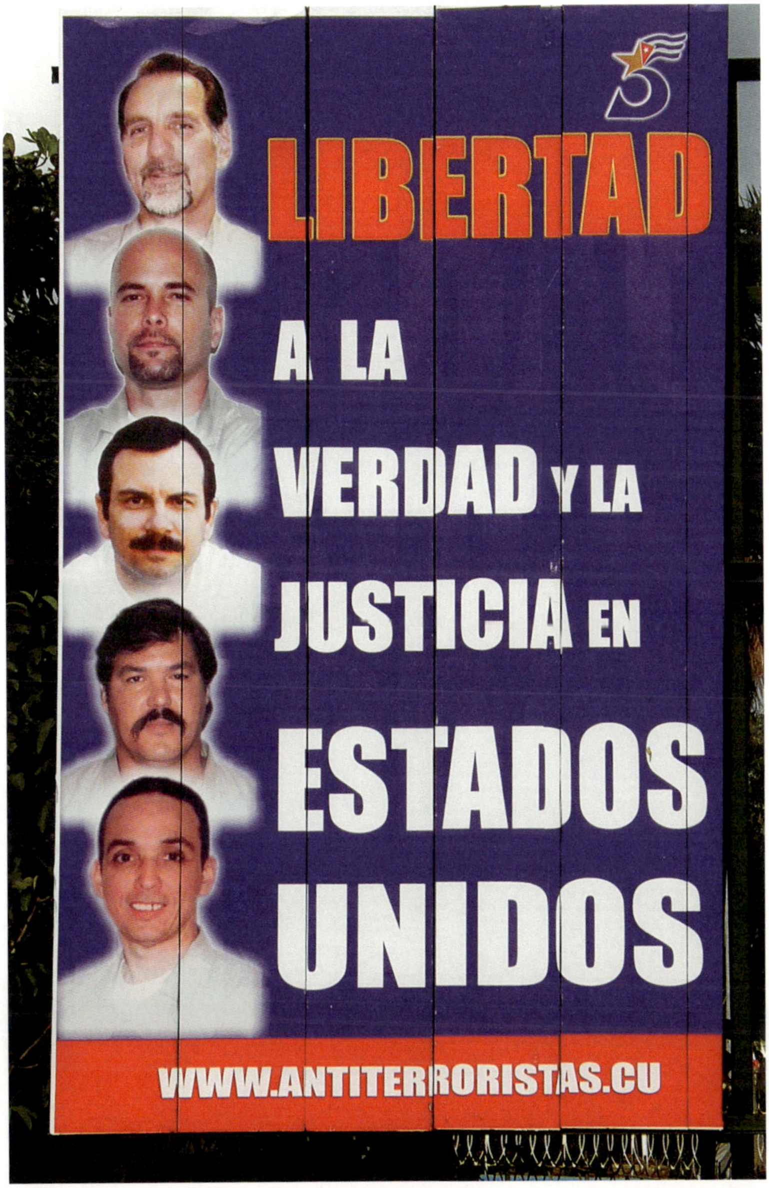

75 ***Libertad a la verdad y la justicia en Estados Unidos***
Editora Política, 2004

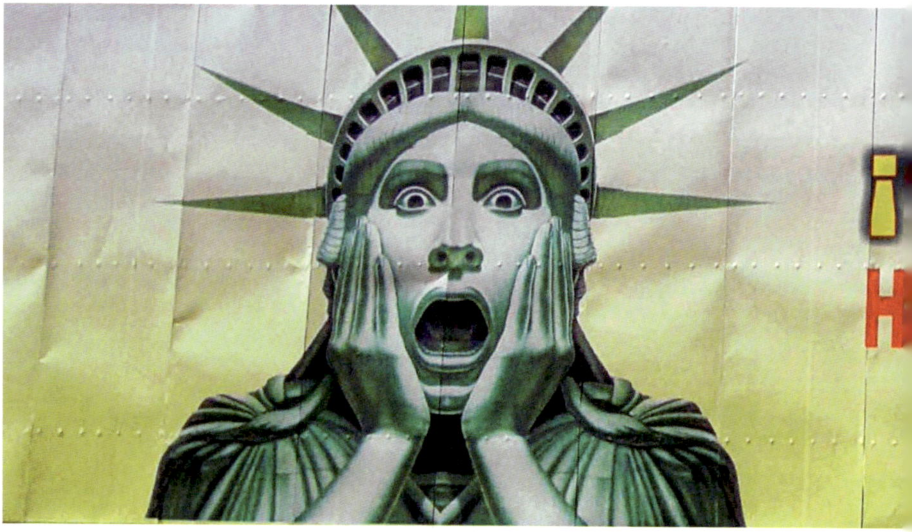

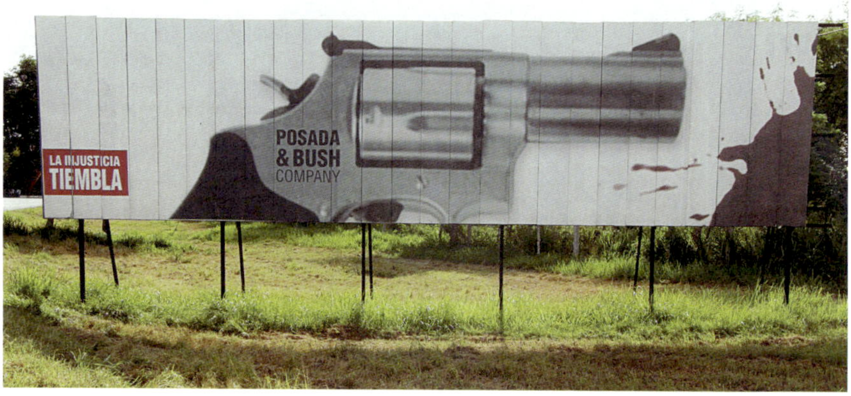

76 ***¡Qué bárbaros! Han liberado a un terrorista***
Editora Política, 2005

77 ***Posada & Bush Company. La injusticia tiembla***
Editora Política, 2007

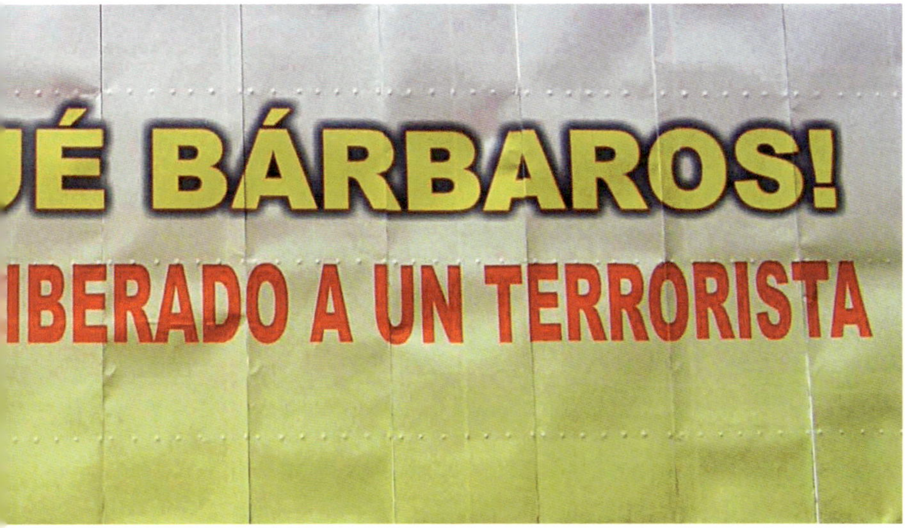

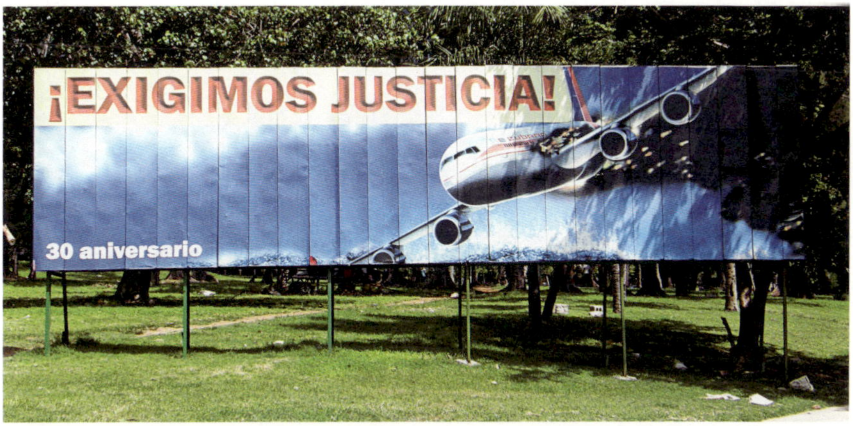

70 ***¡Exigimos justicia! 30 aniversario***
Editora Política, 2006

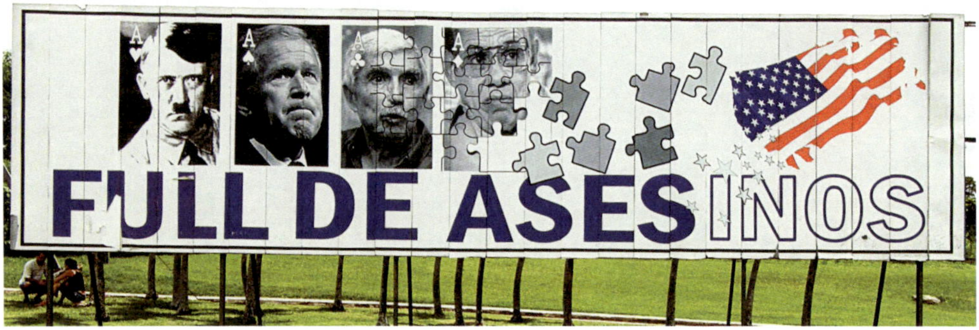

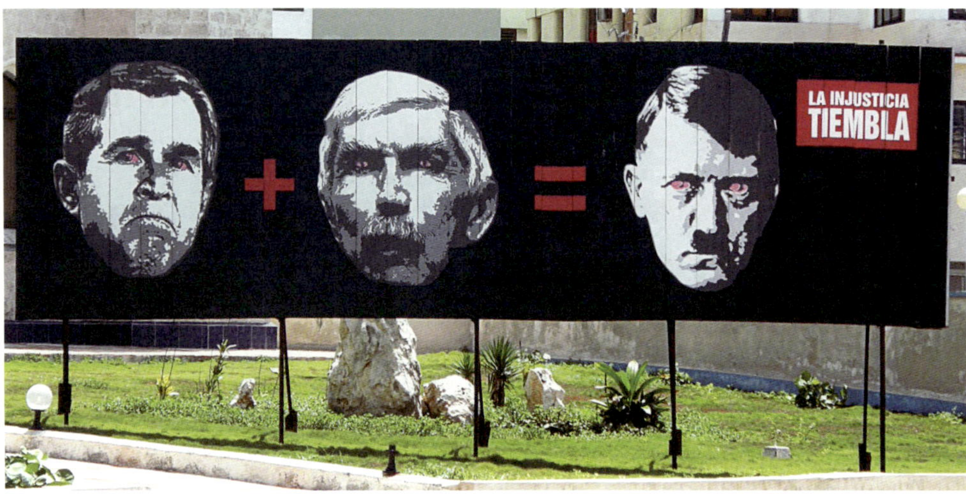

79 ***Full de asesinos***
Editora Política, 2005

80 ***[Bush + Posada Carriles = Hilter] La injusticia tiembla***
Editora Política, 2005

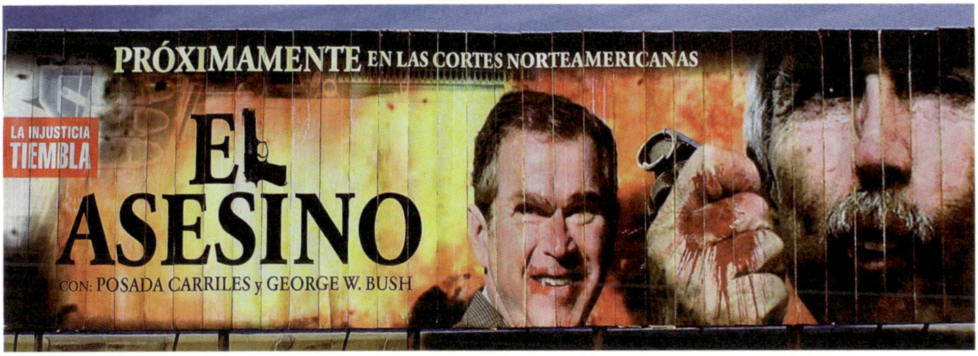

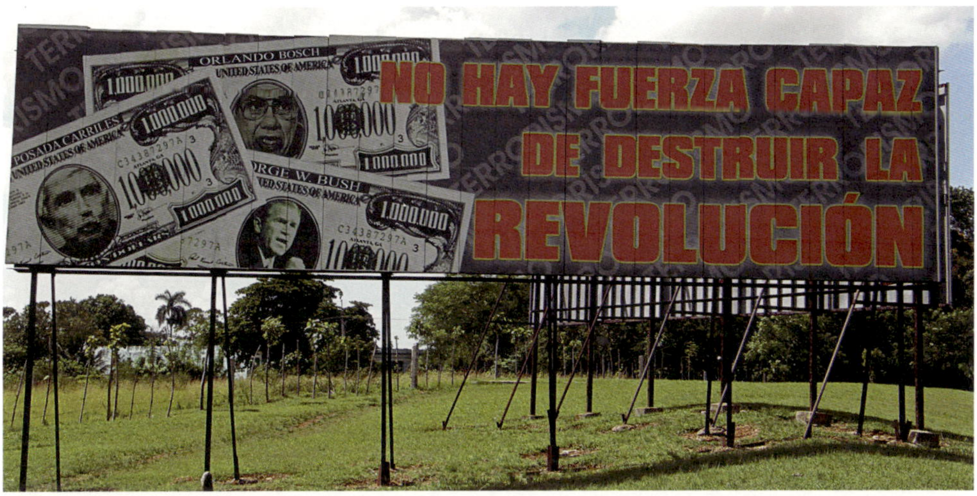

81 ***El asesino***
Editora Política, 2007

82 ***No hay fuerza capaz de destruir la Revolución***
Editora Política, 2007

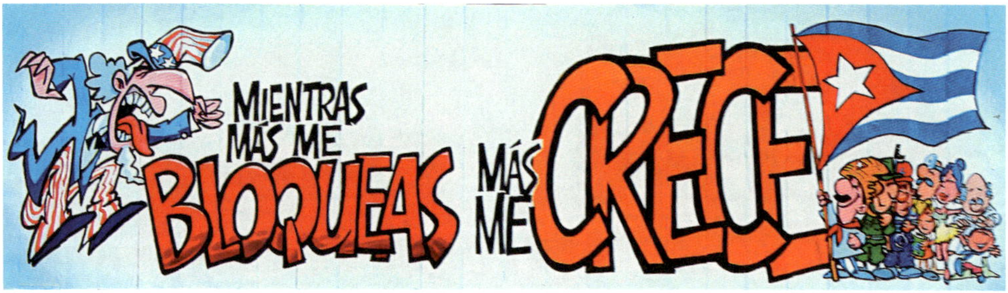

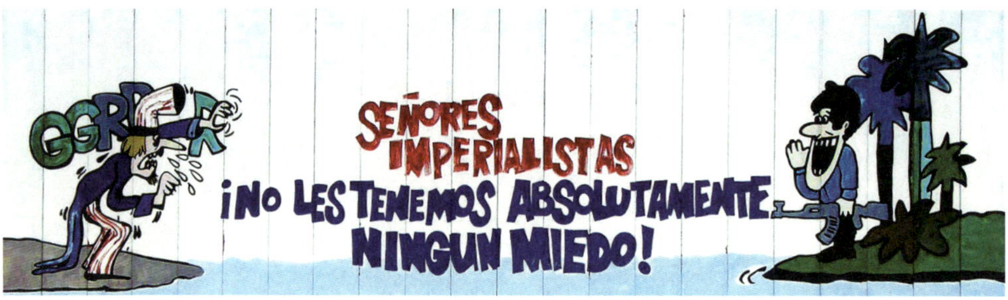

83 ***Mientras más me bloqueas más me crece***
Editora Política, 2008

84 ***Señores imperialistas. ¡No les tenemos absolutamente ningún miedo!***
Editora Política, 2003

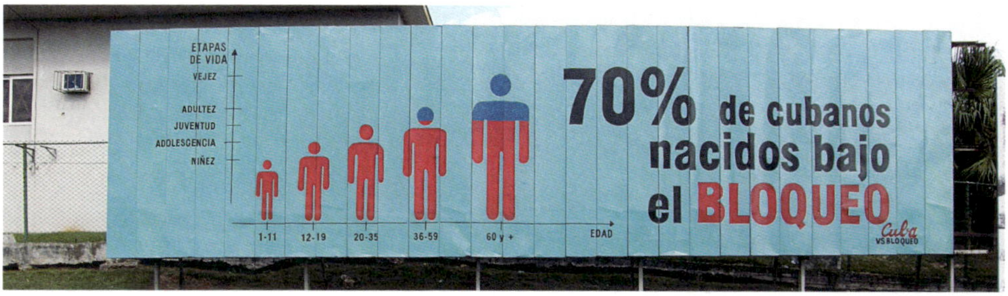

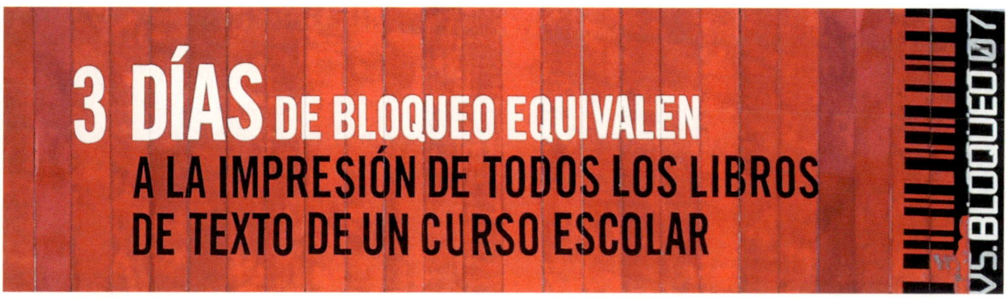

85 ***70% de cubanos nacidos bajo el bloqueo***
Editora Política, 2008

86 ***3 días de bloqueo equivalen a la impresión de todos los libros de texto de un curso escolar***
Editora Política, 2007

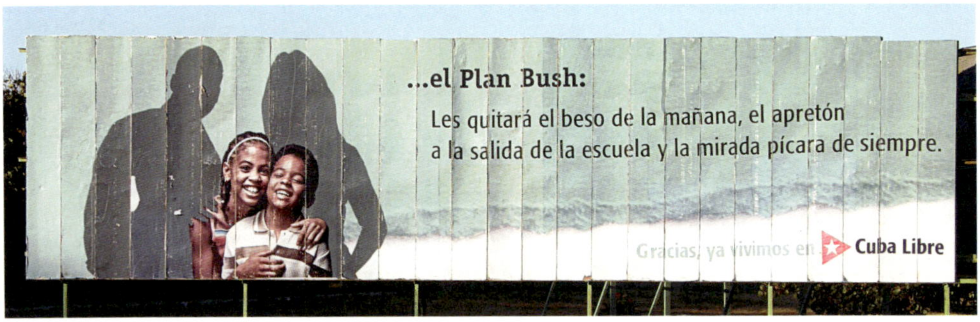

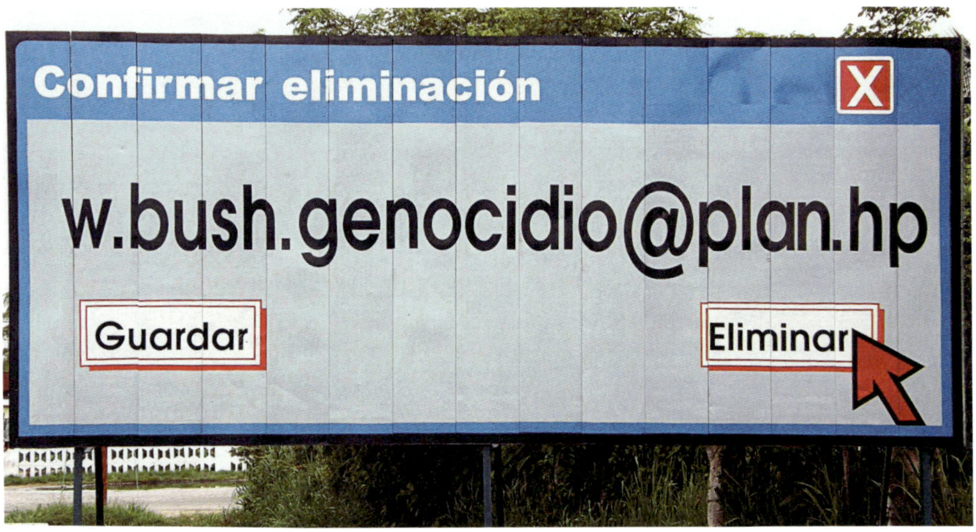

87 ***..el Plan Bush: Les quitará el beso de la mañana y el apretón a la salida de la escuela y la mirada pícara de siempre.***
Editora Política, 2007

88 ***Confirmar eliminación w.bush.genocidio@plan.hp***
2006

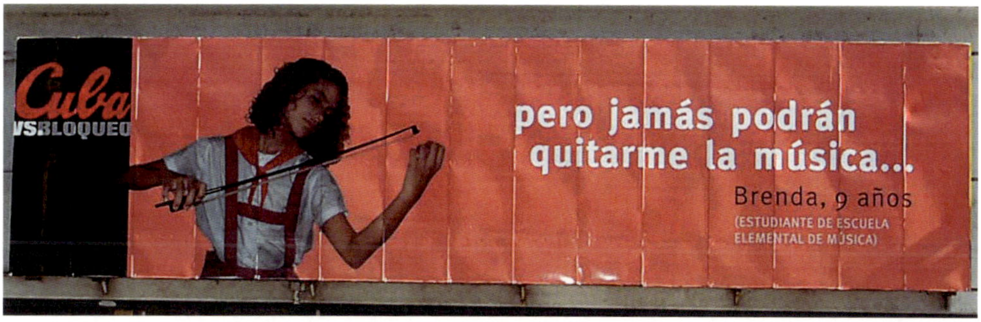

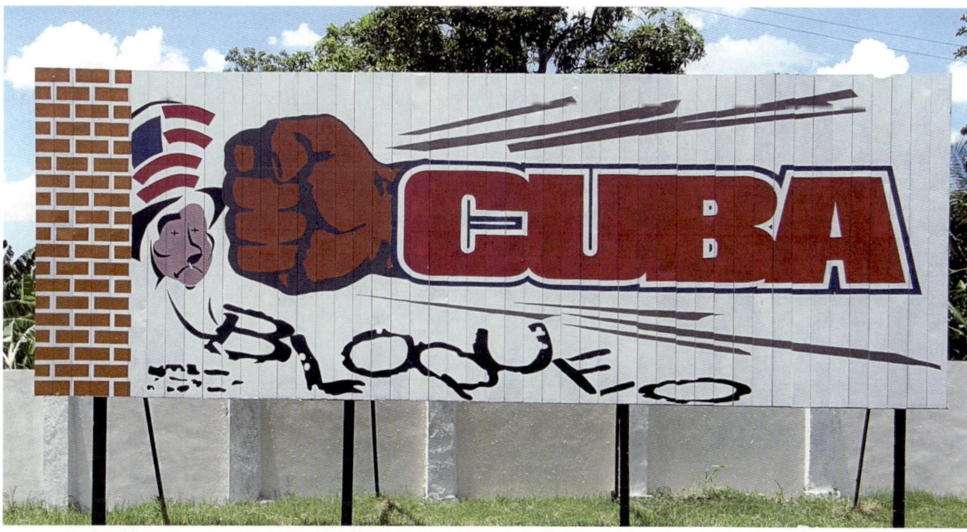

89 ***Pero jamás podrán quitarme la música...***
Editora Política, 2007

90 ***Cuba bloqueo***
2010

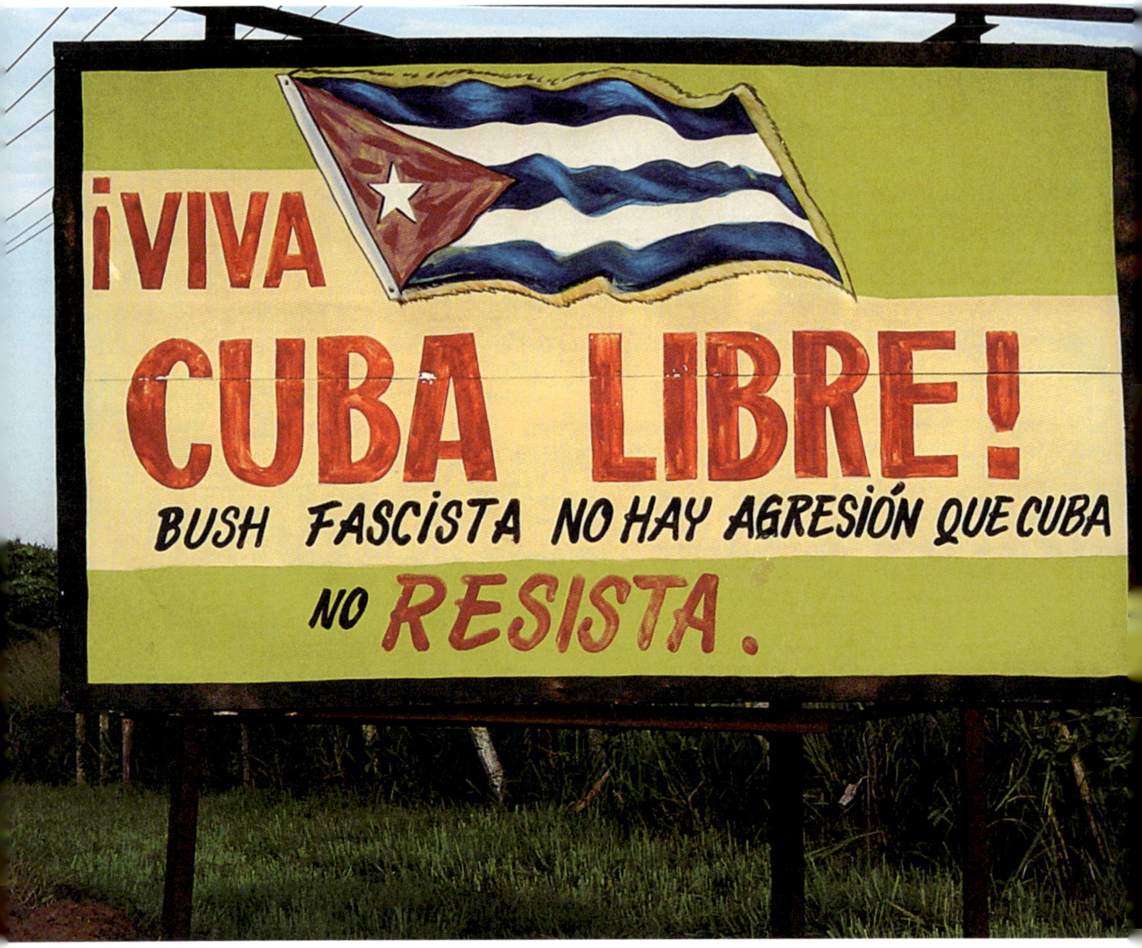

91 ***¡Viva Cuba libre! Bush fascista no hay agresión que Cuba no resista***
2005

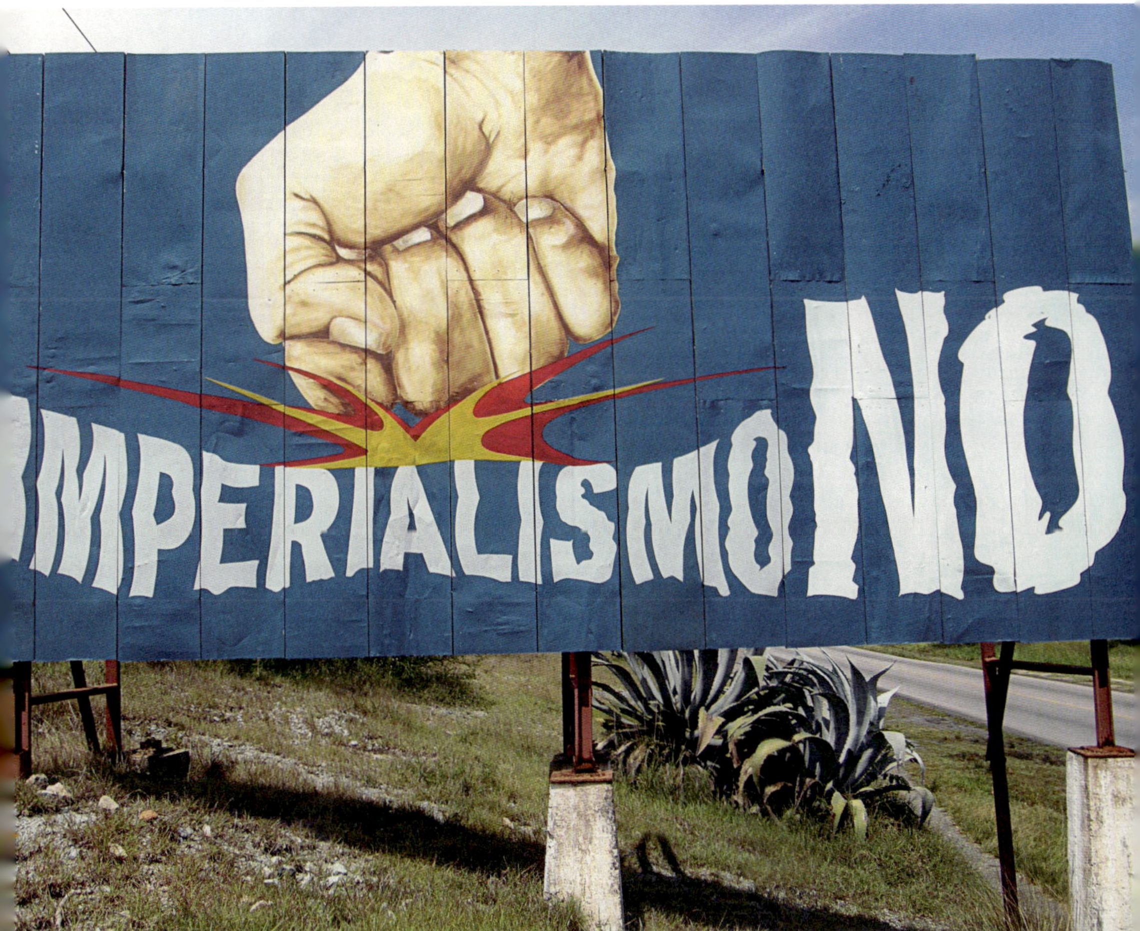

92 ***Imperialismo no***
2013

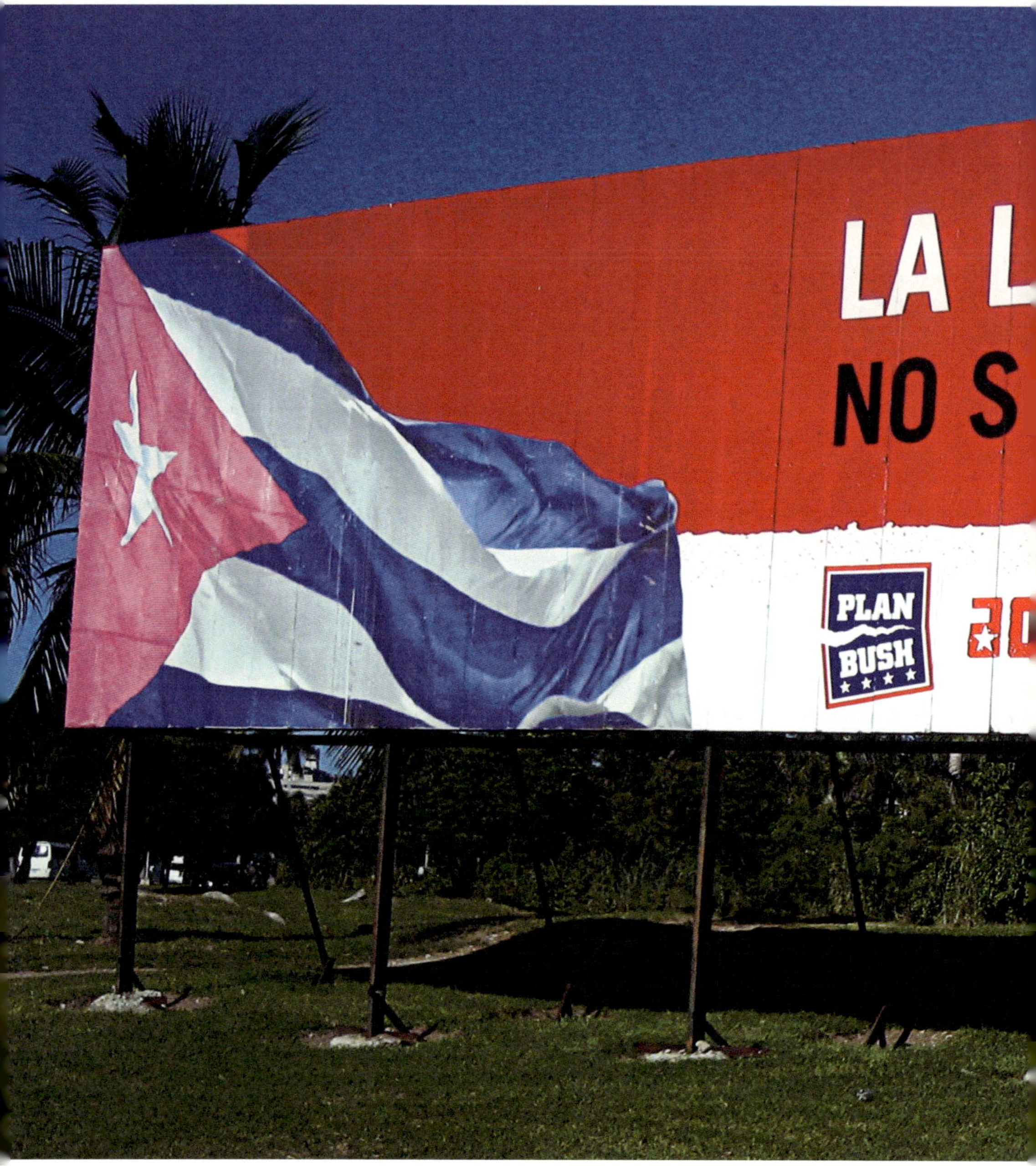

93 ***La libertad no se puede bloquear. Plan Bush. Aquí no hay miedo***
Editora Política, 2006

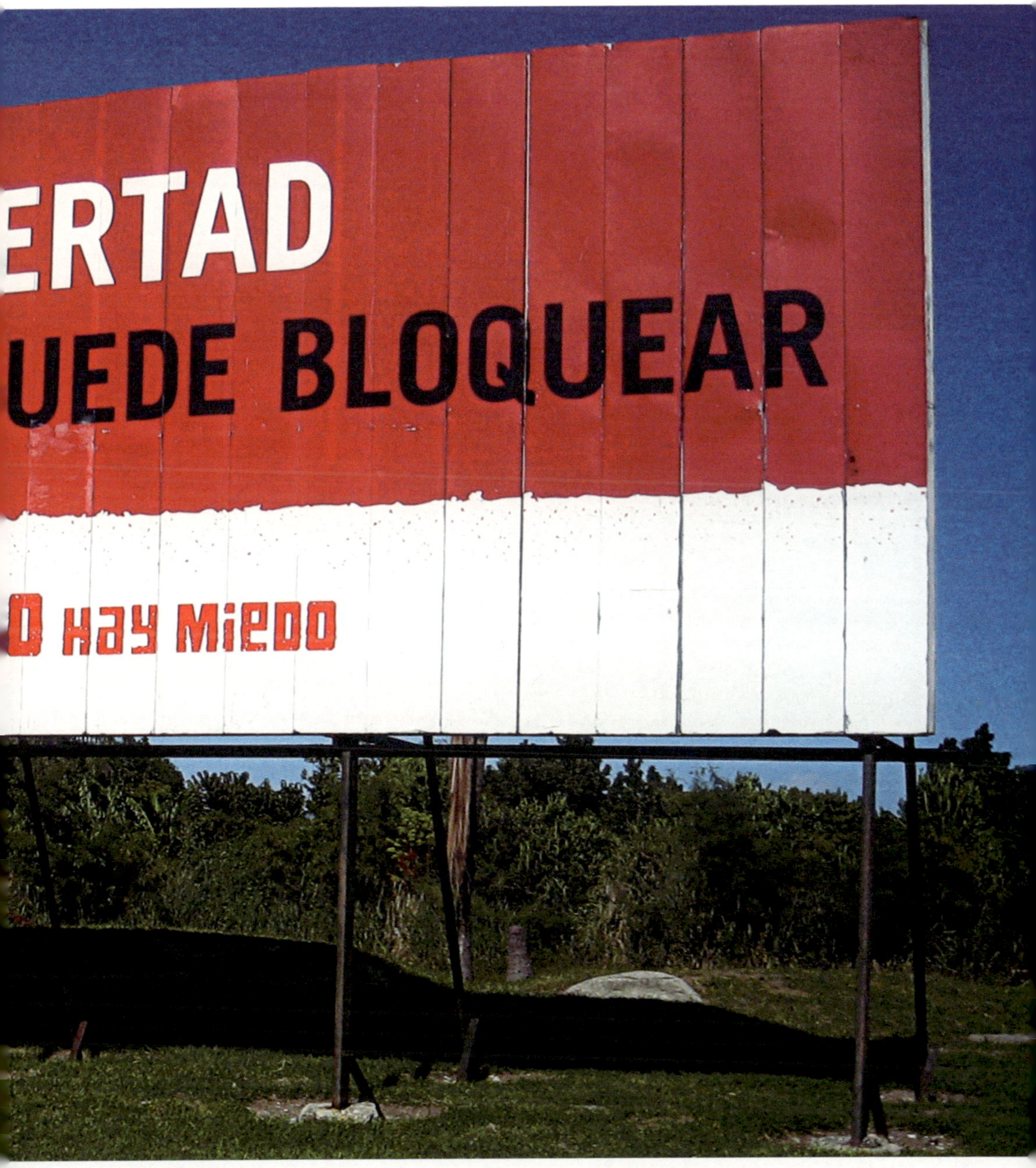
ERTAD
UEDE BLOQUEAR
O hay Miedo

Català

Pròleg

El rigorós treball de la investigació del doctor Alfons González Quesada és molt més que un catàleg acompanyant una exposició. Les seves pàgines, les imatges, retraten la permanència d'un discurs sempre bel·ligerant, sense treva i carregat de simbolismes. A través de la propaganda política cubana activada a l'illa des del 1959, podem desxifrar amb nitidesa les definicions ideològiques que han conformat les bases de sosteniment dels governs de Fidel Castro, fins a l'agost de 2006 quan delega les seves funcions en el seu germà Raúl Castro. Són els habitants de l'illa caribenya els destinataris de les creatives campanyes publicitàries de la Revolució, pensades per a fortificar l' ideari revolucionari i la subsistència del mateix. Molts d'aquests missatges, dels lemes generats al llarg de tots aquests anys, tenien com a únic destinatari final el permanent enemic exterior nord-americà.

Fou un 10 de març del 1952 quan Fulgencio Batista va donar un cop d'Estat militar amb el recolzament dels Estats Units. S'inicià llavors una dictadura amb els ingredients clàssics del manual de l'autoritarisme: repressió, tortures, mort i corrupció institucionalitzada. La matinada del 26 de juliol de 1953, 150 joves es decidiren a atacar les casernes de Carlos Manuel Céspedes, el Bayano, i la de Montcada, a Santiago de Cuba. Tot i que Fidel Castro Ruz va fracassar en l'estratègia militar d'ambdós assalts, doncs van morir 52 guerrillers i uns altres 18 van ser empresonats, entre ells estaven els germans Castro, obtingué una victòria política que li serviria per donar-se a conèixer a tota l'illa durant els judicis als detinguts que s'iniciaren el 21 de setembre.

A la dècada dels cinquanta, el Carib patia la consolidació de dictadures arreu: la de François Duvalier a Haiti, a qui succeiria el seu fill Jean-Claude a partir del 1971, o la del sanguinari "Generalisimo" Leónidas Trujillo a la República Dominicana. A Guatemala, el president escollit Jacobo Arbenz Guzmán, seria derrocat el 1954 en una operació dissenyada per la CIA. A Colòmbia,cop militar el 1953. Un any després, cop d'estat al Paraguai del militar Alfredo Stroessner, que es quedaria al poder fins el 1989. A l'Argentina, l'enderrocament de Juan Domingo Perón el 1955. A Hondures el 1956, ascensió al poder per part de la junta militar i a Veneçuela, dos anys més tard, una altra junta militar deposa al dictador Marcos Pérez Jiménez. Una dècada marcada per una escalada de tensió em la denominada Guerra Freda entre les dues superpotències sorgides del final de la segona Guerra Mundial, el 1954.

El punt d'inflexió, el retrobament en 55 anys de permanent conflicte, es va produir, no sense força sorpresa, amb l'anunci del restabliment de les relacions diplomàtiques entre EE.UU i Cuba, el dimecres 17 de desembre de 2014, quan els presidents Barack Obama i Raúl Castro transmetien al mateix instant, des de Washington i l'Havana, el primer pas del desgel, el principi del final de la Guerra Freda a Amèrica. Per una vegada, la discreció política i diplomàtica dels diferents interlocutors, sense filtracions, va aconseguir l'objectiu d'un acord, per a molts anhelat des de temps ençà. Després arribaria, el 21 de març del 2016, el moment històric en el que Barack Obama aterrava a l'illa elevant aquest principi d'acord a la categoria d'irreversible. Havien hagut de transcórrer 88 anys des de la darrera visita del trigèsim president dels EE.UU a Cuba. John Calvin Coolidge, ho havia fet un 15 de juliol de 1928.

És en aquest context obert entre les relacions entre Estats Units i Cuba que la Fundació Casa Amèrica Catalunya es va proposar de treballar novament amb el doctor Alfons González Quesada amb la intenció de seleccionar, en aquesta ocasió, missatges específics dedicats als Estats Units, llançats des de la propaganda oficial cubana[1].

Mí tío no se llama Sam. Estats Units a la gràfica cubana és un fidel i objectiu reflex de l'elevat grau de tensió i d'enfrontament verbal assolits en aquesta col·lisió entre Cuba i els Estats Untis. Les tanques publicitàries d'agitació i propaganda que han acompanyat el paisatge de l'illa durant dècades estan ara destinades a desaparèixer, a formar part de la història del conflicte. Des de la Casa hem cregut oportú de mostrar-les precisament ara, i a partir d'aquestes, organitzar un cicle de debats i conferències que apropin la vella i nova realitat d'un futur ple d'esperança.

El nostre agraïment especial per la seva col·laboració i recolzament en aquest projecte a la editorial RM i als germans Javier i Ramón Reverter, així com a la Direcció de Relacions Culturals i Científiques de l'Agència Espanyola de Cooperació Internacional al Desenvolupament (AECID)

Antoni Traveria
Director General Casa Amèrica Catalunya

1. Va ser el 2009, en el 50 aniversari del triomf de la Revolució Cubana, que Casa Amèrica editià un catàleg i realitzà una ambiciosa exposició, amb una massiva assistència de públic, al Museu Marítim de Barcelona que portava per títol "Vaya valla, gráfica revolucionaria cubana" amb la investigació del doctor Alfons González Quesada.

Introducció

A les acaballes de 2008, a punt de celebrar-se el 50 aniversari de la Revolució i a pocs dies de la presa de possessió de Barack Obama, es retiren les tanques que hi ha davant de l'Oficina d'Interessos d'Estats Units, la seva representació diplomàtica a l'illa. Durant prop de 30 anys, aquell enorme edifici del *malecón* a l'Havana ha estat testimoni de la creativitat i contundència dels dissenyadors cubans a l'hora de denunciar la política de Washington contra Cuba. Donar un cop d'ull al contingut dels seus missatges és una bona manera de conèixer la temperatura de les relacions entre tots dos països. La retirada de les tanques també conté un missatge: és un gest de bona voluntat cap al nou inquilí de la Casa Blanca. Avui el missatge perdura. Cap altra tanca contra Estats Units s'ha aixecat al *malecón.*

La Revolució que va triomfar al 1959 buscava desfer-se del domini semicolonial d'Estats Units. Convé recordar que fins a 1934 la constitució de Cuba concedia a Washington el dret a intervenir al país per protegir els seus interessos, i que en la vigília de la Revolució els principals sectors de la seva economia estaven en mans d'empreses nord-americanes. Amb aquests antecedents, la conquesta de la plena sobirania solament podia conduir a la confrontació. Aquesta confrontació ha condicionat la realitat cubana fins a tal punt que ha conformat un dels nuclis temàtics de la seva propaganda. Durant més de mig segle, tanques i cartells han explicat els diferents episodis del conflicte i han reservat un espai a la representació de l'enemic, convertint-lo en un dels principals elements de l'imaginari de la Revolució. L'enemic no és el poble d'Estats Units, com sempre han recalcat les autoritats cubanes, sinó el seu govern i els ressorts amb què imposa la seva hegemonia (poder militar i econòmic, control mediàtic, serveis secrets...). 'Invasor', 'mercenari', 'terrorisme', 'bloqueig', 'genocidi', 'imperialisme' són algunes de les referències textuals que la gràfica mural ha utilitzat per identificar Estats Units. En el terreny visual no és menor la diversitat: l'àguila imperial, la bandera nord-americana, el dòlar, els seus presidents, encara que, sens dubte, el referent més usual ha estat el seu símbol nacional: l'Oncle Sam. Tanques i cartells han reflectit la pugna entre hegemonia i sobirania; entre l'afany de Washington per destruir la Revolució i la decidida tenacitat de Cuba per resistir. Caricatura, insult, denúncia, condemna, amenaça són algunes de les estratègies discursives per reafirmar la superioritat dels valors i principis revolucionaris i, en definitiva, per transmetre confiança en la victòria.

El restabliment de relacions diplomàtiques i la visita d'Obama a Cuba posen fi a un dels últims fronts de la Guerra Freda. Més enllà de les conseqüències polítiques i econòmiques que aquest fet comporti, probablement suposen el punt i final per a certs continguts propagandístics. *Mi tío no se llama Sam* pretén explicar l'evolució del discurs que la propaganda cubana ha elaborat sobre els temes i episodis que han marcat la relació entre Cuba i Estats Units des de 1959. El llibre inclou imatges de tanques i cartells, organitzades cronològicament i precedides d'una breu introducció per fer comprensible el seu context i significació. El material gràfic procedeix de l'arxiu de l'Editora Política del Partit Comunista de Cuba, amb la qual l'autor manté un conveni de col·laboració per preservar, estudiar i divulgar el seu patrimoni documental, així com de la seva col·lecció particular.

60's Aquest cop els *mambises* sí van entrar a Santiago

'Aquest cop els *mambises* sí van entrar a Santiago'. Amb aquesta vetllada al·lusió a Estats Units anuncia Fidel Castro el triomf de la Revolució. En 1898, consumada la derrota espanyola, els nord-americans van impedir als *mambises* del general Calixto García entrar a Santiago i fer-se amb la victòria. Com aleshores, Washington ha volgut decidir el futur de l'illa maniobrant fins a l'últim moment per salvar el règim de Batista i evitar que Castro arribi al poder. Però quan el 2 de gener de 1959, des de la balcó de l'ajuntament de Santiago, Castro parla del triomf dels nous *mambises*, els cubans saben que la tutela del veí del Nord s'ha acabat. Entre els primers símptomes del canvi està la sortida de la missió militar nord-americana, els assessors que havien d'ajudar les tropes de Batista a vèncer les columnes guerrilleres. De què serveixen si aquell exèrcit ha estat vençut i dissolt?

El pas cap a la sobirania és ferm. Nacionalitzacions, reforma agrària i expropiacions de les grans propietats agrícoles, moltes en mans nord-americanes, alarmen la Casa Blanca que respon suprimint inversions i la compra de sucre. Si el setge econòmic no és suficient, queda el sabotatge. El més sonat, el de març de 1960, quan el mercant *La Coubre*, carregat amb armes i municions, explota en el port de l'Havana. L'enterrament del centenar de víctimes proporciona dos elements que la gràfica mural emprarà d'ara endavant: la consigna de Castro 'Pàtria o Mort!' i la fotografia que farà del Che una icona global.

El 3 de gener de 1961 la tensió augmenta. Els dos veïns trenquen relacions diplomàtiques. L'Havana ha establert llaços estrets amb Moscou. Ara és el comprador del sucre que Washington ha rebutjat i un soci que proveeix l'illa d'armament, assessors i tecnologia. La Casa Blanca no es queda de braços creuats mentre la sucursal del Carib del Kremlin pren cos. El 15 d'abril, avions nord-americans amb bandera cubana bombardegen aeroports militars del país. És el preludi d'una invasió. L'endemà, Fidel Castro acusa Estats Units de l'agressió i proclama el caràcter socialista de la Revolució. Kennedy executa un pla, encarregat a la CIA per Eisenhower, el seu predecessor, que ha de culminar amb el desembarcament a la platja de Girón d'un cos expedicionari format per exiliats cubans. En el terreny que controlin es constituirà un govern provisional que obtindrà el reconeixement de Washington i el seu suport, en forma d'intervenció militar. Es confia que el poble i l'exèrcit es revoltin. Però l'aviació cubana canvia el guió. El desembarcament es realitza sota un intens atac aeri que deixa fora de combat els vaixells que transportaven equip i municions per al contingent que és a terra. La negativa de Kennedy a autoritzar la intervenció dels marines segella el fracàs de la invasió. La victòria de Girón s'incorpora al calendari de celebracions revolucionàries i la gràfica mural hi contribuirà de forma generosa. Cartells i tanques insisteixen a assenyalar que darrere de les tropes mercenàries estava la mà de Washington. *La primera derrota de l'imperialisme a Amèrica* [18, 19] serà lema recurrent en la propaganda sobre aquest episodi.

La fotografia, que deixa testimoni d'aquells dies, proporciona les imatges que inspiraran nous dissenys. Una de les més conegudes és de Mario Collado. La instantània capta el moment en què Fidel Castro baixa d'un tanc. La imatge s'usa per primera vegada en el cartell del sisè aniversari de la victòria [19]. Unes altres, no menys emblemàtiques, són la del *Houston*, encallat a la badia i fumejant després de rebre el foc cubà, o la que mostra les columnes de mercenaris capturats. Ambdues imatges seran el nucli de futurs dissenys per commemorar la derrota nord-americana.

Kennedy insisteix a acabar amb el règim cubà i el seu líder. Aviat planifica l'Operació Mangosta, nom en clau de les operacions encobertes de la CIA. En el terreny diplomàtic aconsegueix que l'OEA expulsi Cuba de la seva organització per aïllar-la de la resta del continent. El setge es completa al febrer de 1962, quan Kennedy estableix el bloqueig econòmic, comercial i financer. A partir d'aleshores, cap empresa nord-americana pot comerciar amb Cuba. Com es veurà, el bloqueig ocuparà un lloc destacat en la propaganda.

La gràfica sobre Girón està carregada de retòrica bèl·lica. *Mort a l'invasor!* [9] i *Aniquilar l'enemic!* [10] exemplifiquen la contundència verbal de les composicions de l'època, continuada per l'agressivitat visual de les figures humanes. Un altre exemple excel·lent és el cartell de Forjans *On apunti quedarà!* [16], on un fusell empunyat per un braç robust apunta l'Oncle Sam, que amenaça en la distància. El discurs sorgit a partir de Girón tindrà continuïtat en els dissenys de la Crisi dels Míssils d'octubre de 1962. Però abans de parlar d'aquell episodi convé ressenyar la Campanya d'Alfabetització.

A les acaballes de 1961 la Revolució compleix la promesa que Fidel Castro havia fet en l'ONU d'eradicar l'analfabetisme en un any. Els cubans es mobilitzen de forma massiva: més de 300 mil voluntaris, estudiants la majoria, ensenyen a llegir a prop de 700 mil compatriotes. La campanya es desenvolupa per tot el país. Res no atura la seva marxa, ni Girón, ni els actes de terrorisme amb què es vol atemorir els joves mestres. En homenatge al primer voluntari assassinat, les brigades alfabetizadores porten el nom de Conrado Benítez. *Contra l'imperialisme ianqui, alfabetitza!* [8] és la consigna del cartell central de la campanya on un alfabetizador fereix mortalment un àguila imperial amb el seu llapis. El simbolisme de la composició no és aliè a la confrontació entre Cuba i Estats Units. El més singular és que a partir d'ara, la propaganda interpretarà les conquestes socials, polítiques i econòmiques de la Revolució no solament com a victòries de Cuba, sinó com a derrotes del seu enemic.

Tornem a la crisi d'octubre de 1962. Cuba s'ha situat definitivament en l'òrbita soviètica i cerca en l'escut de l'armament nuclear de l'URSS dissuadir Washington d'una nova invasió. Per a Moscou, la instal·lació dels seus míssils a l'illa contraresten els nord-americans que apunten el Kremlin des de Turquia. La geografia fa de Cuba una peça vital en el tauler on les dues superpotències juguen la partida de la Guerra Freda. Kennedy, alertat per les evidències que es construeixen rampes de llançament per a coets, declara el bloqueig naval de l'illa per evitar que rebi armament nuclear. Durant dues setmanes el món està a prop d'una guerra atòmica, fins que Kennedy i Krushev resolen la crisi. Moscou no consulta amb l'Havana la decisió de retirar els seus míssils. Molestos, milers de cubans canten pels carrers "Nikita mariquita, lo que se da no se quita". El to és ben diferent del que han reflectit els cartells dissenyats durant els dies que es va creure que l'illa seria el camp de batalla de la Tercera Guerra Mundial. L'experiència de Girón havia demostrat la necessitat de disposar de 'cartells de prevenció', dissenys produïts en temps de pau que responguin a la contingència de qualsevol agressió externa i instin la població a combatre, defensar la pàtria i mantenir la unitat. *En peu de guerra* [12, 13] i *Alerta!* [14] inunden els carrers durant la Crisi dels Míssils, al costat d'altres composicions que veuen la llum en aquells dies, com les de Quintana: *Tots som un* [7] i *A les armes!* [15]. Totes elles comparteixen missatges concisos i urgents, i utilitzen tipografia de grans dimensions.

D'acord amb la seva vocació antiimperialista, Cuba posa en pràctica un dels principis de la seva política cap al Tercer Món: l'internacionalisme. I ho fa des del suport polític i militar als moviments d'alliberament nacional i l'assistència civil en educació i salut. En 1965, Cuba fa una crida als pobles de Llatinoamèrica, Àfrica i Àsia per combatre l'imperialisme, i els convida a la Conferència Tricontinental, celebrada a l'Havana en 1966, on es funda l'Organització Llatinoamericana de Solidaritat (OLAS) amb l'objectiu de coordinar les lluites de diversos moviments d'esquerra contra el capitalisme. Són els anys de la consigna del Che de 'crear dos, tres, molts Vietnam', i de les campanyes de solidaritat amb els països del sud-est asiàtic que resisteixen l'agressió d'Estats Units. La solidaritat tricontinental i la denúncia de l'imperialisme també tenen la seva gràfica i els millors exponents són les composicions de l'Organització de Solidaritat dels Pobles d'Àfrica, Àsia i Amèrica Llatina (OSPAAAL) i de l'Organització Continental Llatinoamericana d'Estudiants (OCLAE). Exemple de la primera és l'obra de Mederos *Setmana de solidaritat amb Viet Nam* [22], on assenyala la força de la resistència del poble vietnamita a través del barret de copa aixafat de l'Oncle Sam. El disseny de Belaguer per OCLAE, *Jornada continental de suport a Viet Nam, Cambodia i Laos* [23] té com a protagonista el president Nixon, responsable de l'agreujament del conflicte a la regió i de les milers de víctimes que, segons el cartell, s'apilen a la seva consciència. No és la primera vegada que una composició al·ludeix a un president nord-americà. Abans de Girón havia circulat *Alto...Mr Kennedy, Cuba no està sola*, que deixava constància de la disposició soviètica a ajudar Cuba en cas d'agressió. També Lyndon B. Johnson apareix en un cartell d'Alfredo Rostgaard per al documental cinematogràfic *Hanoi*, dimarts 13. En aquest cas, les dues bombes que cauen sobre Vietnam tenen el rostre del president.

70's Combatent l'enemic

Després de més de deu anys de procés revolucionari, el discurs de la gràfica cubana s'ha instal·lat en la retòrica de la confrontació. *Cuba està combatent l'enemic* [25]. Les agressions que sofreix l'illa no s'aturen com suggereix el cartell *Podran enfonsar els nostres vaixells, però no la nostra consciència* [24], de 1970. Per aquestes dates, Alpha 66, un grup terrorista de Miami, ha enfonsat dues embarcacions de la flota pesquera cubana. Però el cop més dur està per arribar.

En un context de confrontació, Girón es recorda amb una violència gràfica demolidora. L'anihilament de l'enemic es resumeix en la calavera desdentada d'un combatent [32], la mà amputada d'un mercenari [35], o el cap de l'Estàtua de la Llibertat clavada en una baioneta [36]. Girón és també el triomf que ha de permetre transformar de manera radical el país, com explica *Derrotats els yankis construirem una pàtria deu vegades més bella* [26]. Darrere de l'al·lusió a Girón s'amaga un altre missatge. La referència a 'deu' no és casual si es pensa quan s'edità l'obra, 1970. L'any de la safra dels deu milions.

Cuba és la sucrera del món i, fins a la Revolució, el principal proveïdor de sucre d'Estats Units. La pèrdua del mercat nord-americà després de la nacionalització de totes les centrals sucreres no ha estat tan greu per a la indústria com el bloqueig, que impedeix adquirir recanvis i redueix la seva producció per sota dels cinc milions de tones de 1958. Però, el govern confia que el sucre serà la palanca que farà sortir Cuba del subdesenvolupament. Una safra extraordinària permetrà obtenir excedents amb els quals obtenir les divises per impulsar la industrialització del país i diversificar la seva economia. Una collita espectacular de deu milions de tones és la que es vol per a 1970. 'Els deu milions, van!' és la consigna que els centenars de milers de voluntaris que participen en la safra llegeixen en tanques i cartells. L'èxit de la safra, com l'èxit de l'alfabetització, serà un nou cop a l'enemic. D'aquí, la consigna del cartell *Els deu milions, bang!* [27], amb la bandera d'Estats Units feta miques. Però el *bang* solament queda en desig. Malgrat tots els esforços i de la pràctica paralització de la resta de sectors industrials, només s'aconsegueixen vuit milions de tones.

La lluita contra l'enemic es desenvolupa en fronts molt diversos, perquè l'enemic és el mateix encara que adopti formes diferents. I una d'elles és l'hegemonia cultural, la ideologia. OCLAE (Organització Continental Llatinoamericana i Caribenya d'Estudiants), creada en 1966 a l'Havana, la capital en aquests anys de la lluita antiimperialista al Tercer Món, té entre els seus objectius combatre la penetració ideològica de l'imperialisme al món acadèmic, i se serveix de la gràfica per donar-los a conèixer. Els seus cartells per a les jornades *Contra la penetració imperialista a les universitats* [28, 29] sempre identifiquen l'enemic amb Estats Units. Unes vegades a través de l'àguila imperial que sobrevola la universitat, unes altres mitjançant el poder econòmic que manipula el discurs acadèmic.

S'al·ludia abans al cop més dur que rep Cuba en aquests anys. Aquest es produeix el 6 d'octubre de 1976, quan poc després de l'enlairament de l'aeroport de Barbados dos artefactes exploten en un DC 8 de Cubana de Aviación i moren les 73 persones que viatgen a bord. Dos passatgers veneçolans que van desembarcar quan l'avió va fer escala són els autors materials de l'atemptat. En el seu interrogatori acusen Luis Posada Carriles i Orlando Bosch de planejar-lo. La policia troba proves que confirmen l'acusació i, gairebé al mateix temps, el FBI sap que el cop és obra del CORU (Comando d'Organitzacions Revolucionàries Unides), grup anticastrista dirigit per Posada i Bosch, dos cubans que, a més de compartir un dilatat historial de sabotatges i accions terroristes, són exagents de la CIA. L'endemà, les autoritats veneçolanes els arresten a Caracas. El seu judici es dilata durant anys. Al 1985 Posada Carriles aconsegueix escapolir-se de la presó. Misteriosament Orlando Bosch és absolt dos anys després i deportat a Estats Units, on al 1990 el president George Bush pare l'indulta. (Convé recordar que al 1976 era el director de la CIA).

Pocs dies després de l'atemptat, centenars de milers de persones abarroten la Plaça de la Revolució de l'Havana per acomiadar les víctimes. En el seu discurs Fidel Castro acusa la CIA d'estar darrere del crim. Dues tanques apareixen en aquelles dates per referir-se a l'atemptat. En ambdues l'absència d'elements icònics realça el text sobre fons negre: *CIA assassins!* [*1*] i *Quan un poble enèrgic i viril plora, la injustícia tremola!* Aquesta última frase presa del discurs de Castro i es reutilitzarà en el futur, quan la gràfica cubana dediqui un altre capítol a Posada Carriles [78].

El conflicte de Vietnam segueix a l'agenda propagandística, que alterna la solidaritat amb els pobles que pateixen l'agressió nord-americana amb la denúncia de Nixon com a criminal de guerra. Identificar Nixon amb Hitler és l'estratègia que aplica Álvarez en el seu cartell [39] per acusar de genocida el president nord-americà. L'esvàstica que acompanya tots dos personatges reforça el missatge. La premsa de l'època també ha incorporat el símbol nazi per aprofundir en la demonització de Nixon, de manera que la ics del seu cognom s'ha canviat per sempre per l'esvàstica. És una pràctica que més endavant emprarà esporàdicament la gràfica mural quan retrati el president Bush fill.

Dos anys després del triomf revolucionari, Cuba havia participat en la fundació del Moviment de Països No Alineats. L'organització neix arran de la fallida del sistema colonial i s'oposa a qualsevol tipus de dominació o ingerència estrangera. En 1979, Castro és el president del Moviment i Cuba l'amfitriona de la seva sisena cimera. La propaganda no deixa escapar l'oportunitat d'un esdeveniment de magnitud internacional per exigir que *cessi l'opressió de l'imperialisme ianqui a Amèrica Llatina* [45, 46]. Però les lluites anticolonials fan impossible que el Moviment se sostregui a la dinàmica de la Guerra Freda. La suposada equidistància que havia de mantenir entre les dues superpotències s'esvaeix, especialment quan Cuba lidera l'organització. Des de 1975 tropes cubanes combaten a Angola i la política exterior de l'Havana és fidel a Moscou. Tot això li val l'acusació de ser un peó al Tercer Món al servei del Kremlin. En aquesta clau convé interpretar les composicions dedicades a denunciar l'agressió de Xina a Vietnam. La política de blocs queda perfectament delineada en el conflicte. A la fi de 1978, Vietnam, aliat soviètic, ocupa Cambodja per posar fi al règim genocida dels jemers rojos, i Beijing, que l'empara, respon amb la invasió del territori vietnamita. En els cartells cubans sobre aquesta guerra oblidada destaca un element: la presència de l'anagrama d'Estats Units [44]. Cuba no solament denuncia l'agressió xinesa, també el suport i la connivència de la Casa Blanca amb el seu aliat comunista per frenar l'expansionisme del seu enemic comú a la regió, l'URSS.

80's Que se'n vagin!

L'1 d'abril de 1980 sis individus estavellen un autobús contra la tanca de l'ambaixada del Perú a l'Havana. Irrompen a l'edifici i sol·liciten asil polític. Quan les autoritats peruanes accedeixen a la petició, Cuba retira el personal que protegeix l'accés al recinte i, en pocs dies, més de deu mil persones ocupen l'ambaixada. Volen abandonar el país. L'episodi reflecteix el malestar d'una part de la població, però en el rerefons de l'assumpte es troba la política migratòria d'Estats Units amb Cuba. Des que al 1966 el Congrés nord-americà va aprovar la Llei d'Ajust Cubà per regularitzar la situació dels qui van fugir de la Revolució, Washington ha restringit les vies d'entrada legal des de Cuba, alhora que atorga residència, prestacions socials i la condició de refugiat polític a qualsevol cubà que arribi a territori nord-americà. Tota una invitació per sortir de l'illa de manera il·legal.

Quan l'Havana decideix obrir el port de Mariel per a qui vulgui marxar, la comunitat cubana de Florida estableix un pont marítim, conegut com a 'Flotilla de la Libertad'. L'Administració Carter s'oposa al trasllat de refugiats perquè tem una allau migratòria, però acaba cedint davant els fets consumats. En quatre mesos més de 120.000 persones arriben a Florida. A Cuba, la multitud que el Primer de Maig desfila per l'Havana mostra la seva adhesió a la Revolució, alhora que repudia els qui abandonen l'illa. El discurs gràfic estigmatitza els 'marielitos' amb l'insult. Els acusa d'escòria, delinqüents i antisocials i, encara que el focus dels atacs es concentri en els cubans que trenquen amb la Revolució, Estats Units també rep la seva part. 'Que se'n vagin' és el crit d'aquells dies que aviat apareix en tanques i cartells. En un d'ells [48] els 'marielitos' són rates i xinxes que pul·lulen entre la immundícia d'un cubell d'escombraries, els colors del qual i la presència del símbol del dòlar representen Estats Units, la destinació dels qui deixen el país. El linxament simbòlic es repeteix en una tanca sense títol on l'Oncle Sam, com el flautista de Hamelín, neteja Cuba emportant-se tot tipus de bestioles atretes per la melodia dels diners [*2*].

Mentre la crisi de Mariel està al punt àlgid, Washington té previst de realitzar unes maniobres enfront de les costes de Cuba, amb desembarcament a la base naval de Guantánamo inclòs. L'Havana protesta pel que considera una provocació i posa en alerta les seves tropes. 'Fidel aprieta que a Cuba se respeta' [53] i 'Fidel seguro a los yankis dales duro' [55] són dues de les consignes que es canten quan s'anuncia la suspensió de les maniobres.

Mesos després que finalitzi l'èxode de Mariel, ja en 1981, comença una epidèmia de dengue hemorràgic. Els primers casos apareixen simultàniament en localitats molt distants entre elles i en poques setmanes moren més de 150 persones. L'Havana assenyala Estats Units com a responsable d'haver introduït el virus infecciós a l'illa. Tanques i cartells repeteixen l'acusació amb un disseny on el mosquit del dengue se superposa a l'anagrama de la CIA sota la contundència del lema 'L'eradicarem' [*3*].

El republicà Ronald Reagan ocupa la Casa Blanca des de 1981 decidit a combatre l'amenaça comunista arreu del món. La gràfica respon amb una caricatura que mostra l'Oncle Sam fugint espaordit a punta de baioneta i amb una frase que farà fortuna en altres dissenys, *No els tenim absolutament cap por* [56]. Però l'hostilitat d'Estats Units cap a Nicaragua i Grenada, aliats cubans a la regió, convencen l'Havana de la possibilitat d'una agressió a gran escala. De produir-s'hi, tanques i cartells donen per segura la destrucció de l'enemic. *No passaran* [57], *Els farem mossegar la pols de la derrota* [65], *Pam a pam defensarem aquesta terra* [60]. Els lemes recorden els temps de la Crisi dels Míssils, encara que en alguns casos els motius s'han renovat. El retorn a la retòrica bèl·lica de les composicions de l'època respon a la denominada 'Guerra de tot el poble', la nova estratègia defensiva que ha hagut de dissenyar Cuba des que el Kremlin ha renunciat a intervenir a l'illa en cas d'invasió.

El preludi del que pot ser l'atac a Cuba es produeix a l'octubre de 1983, quan Estats Units envaeix Grenada. Marines i cubans, en la seva majoria obrers que treballen en la construcció d'un aeroport per a la capital, lluiten per primera vegada des del triomf de la Revolució. La salvaguarda de l'estabilitat del país i la protecció de ciutadans nord-americans són el pretext de Washington per intervenir i acabar amb el règim procomunista de l'illa. La imatge de l'Oncle Sam amb les mans tallades i l'eslògan *Mans yankis fora d'Amèrica Central i del Carib!* [59, 58] resumeixen la denúncia cubana de l'intervencionisme nord-americà a la regió. Un exercici propagandístic que es repetirà a la fi de 1989 amb la invasió de Panamà.

Cuba també denuncia altres formes de violència, com l'endeutament del Tercer Món, que subordina el seu desenvolupament als interessos de les grans potències. Quan a mitjan dels 80 diversos països llatinoamericans es declaren insolvents, l'Havana tracta de crear un front comú per obtenir una moratòria indefinida del pagament del deute, però cap govern s'hi adhereix, desoint les mobilitzacions i campanyes populars contra les mesures d'ajust proposades pel FMI i el Banc Mundial. En el cartell *Unitat enfront del deute extern* [63] el dòlar nord-americà és el referent que alludeix a l'espoli que pateixen els països llatinoamericans.

90's Amb aquest poble no s'hi juga

Una altra forma de guerra contra Cuba comença al 1985 quan l'Administració Reagan crea Radio Martí. Washington finança l'emissora i la posa en mans de la Fundación Nacional Cubano Americana, que des de la seva fundació, en 1981, no ha amagat el seu propòsit d'acabar amb la Revolució. Amb Radio Martí i emetent des de Miami, pretén inundar Cuba amb propaganda anticastrista i contrarestar el monopoli informatiu del govern a l'illa. L'Havana aconsegueix evitar que les emissions es rebin a Cuba, però no dissuadeix de la seva obstinació la Casa Blanca ni l'exili cubà, que al 1990 tornen a la càrrega amb Televisión Martí. Els objectius són els mateixos, encara que en aquesta ocasió les transmissions es fan des d'un globus aerostàtic, a 3.000 metres per damunt dels *cayos* de Florida. L'Havana novament interfereix el senyal i frustra l'atac de les ones. És el fracàs que narra *Un altre tir per la culata* [68], on un Oncle Sam desconcertat mira impotent un televisor sense senyal.

Corre 1989 i l'Havana està sobre avís davant l'arribada de Gorbatxev a Cuba, perquè règim comunista que visita, règim que poc després trontolla i cau. Així són els efectes corrosius de la *perestroika* que Castro amablement rebutja. El que no pot evitar és la decisió de Moscou de reduir la seva assistència econòmica i militar. L'URSS està perdent la Guerra Freda i l'ona expansiva del seu enfonsament aviat sacsejarà el Carib. A partir de 1991 la Revolució entra en la seva etapa més crítica, el 'Període especial en temps de pau', o el que és el mateix: escassetat i restriccions de tota mena en un context d'aïllament internacional. Sense el cordó umbilical del bloc socialista Cuba és una illa més que mai i el règim de Castro sembla a punt de caure. Washington es frega les mans. Confia que si dóna una altra volta de rosca a la seva estratègia d'asfíxia econòmica precipitarà la caiguda i l'illa tornarà a la cleda d'on mai hauria d'haver sortit. L'atmosfera de fortalesa assetjada que es respira a Cuba fa que la consigna 'resistir és vèncer' tingui ara tot el seu sentit. Davant l'amenaça enemiga, la defensa de les conquestes i principis revolucionaris solament es pot garantir amb la unitat, perquè *La unitat ens fa indestructibles* [69]. La principal conquesta que està en perill és la sobirania, i des de la gràfica mural es deixa clara la seva defensa a ultrança a través de missatges com *Amb aquest poble no s'hi juga* [67], *Aquí no volem amos* o *A la meva casa mano jo.*

La primera volta de rosca es produeix al 1992 amb l'aprovació al Congrés de l'Acta de Democràcia Cubana, coneguda com a Llei Torricelli, una peça més en l'engranatge de la maquinària de la guerra econòmica de Washington. La llei presenta dues novetats: amplia la prohibició de comerciar amb Cuba a les empreses subsidiàries de companyies nord-americanes en altres països, i obstaculitza el comerç exterior cubà, obligant els vaixells que haguessin transportat mercaderies a l'illa a esperar sis mesos per accedir a ports d'Estats Units. En poques paraules: l'enduriment del bloqueig, un escanyament que l'exili cubà aplaudeix sense reserves. En *Aquí, ferms, segurs* [4] el puny de Cuba aixafa el cuc, en al·lusió a l'exili, que enarbora un cartell amb el nom del legislador Torricelli.

L'incident amb les avionetes de 'Germans al rescat' va ser el pretext per donar una nova volta de rosca al bloqueig. Durant 1995 l'organització de l'exili, que diu ajudar qui vol abandonar l'illa, viola repetidament amb els seus vols l'espai aeri de Cuba i arriba a llançar propaganda contra el govern sobre l'Havana. Al febrer de 1996, caces cubans intercepten dues avionetes que no atenen els seus advertiments fins que són abatudes. Els pilots d'ambdues aeronaus moren i l'incident serveix a l'Administració Clinton per endurir, encara més, el bloqueig. Un mes després s'aprova la Llei Helms-Burton, la mesura estrella és privar Cuba de la inversió estrangera, per la qual cosa contempla sancionar les empreses foranes amb negocis a Estats Units que estableixin llaços comercials amb l'illa. La propaganda s'apressa a respondre denunciant el bloqueig com un *Genocidi contra Cuba* [71]. Més elaborats són els dissenys que juguen amb els cognoms dels legisladors impulsors de la nova llei (Helms i Burton). En un, estan units per l'esvàstica i representen la pudor que desprèn un orinal amb els colors de la bandera nord-americana. En un altre, apareixen del revés per formar part de l'eslògan de la tanca *Cuba no es ven* [72].

En el front diplomàtic Estats Units insisteix a acusar Cuba de no respectar els drets humans, fins i tot ha aconseguit el suport de la comissió de l'ONU encarregada del tema en la seva condemna al règim de Castro. Una maniobra contra el prestigi internacional de l'illa. Washington parla de drets humans per referir-se als civils i polítics, vinculats a estàndards de democràcia liberal que l'Havana no comparteix, i als quals anteposa els de caràcter social. La tanca *Drets. El poble és el nostre testimoni* [73] exemplifica la contraposició d'interpretacions sobre la matèria entre tots dos països.

00's La llibertat no es pot bloquejar

Elián González és el nen més famós de Cuba i, probablement, del món. Ha estat víctima de la política migratòria de 'peus secs i peus mullats' que Washington aplica des de la crisi dels *balseros*, per la qual els cubans interceptats al mar (peus mullats) són repatriats, mentre que els que aconsegueixen arribar a Estats Units (peus secs) són acollits com a refugiats polítics. Aquesta ruleta russa de l'emigració il·legal no va desanimar la mare d'Elián, quan al 1999 va decidir creuar l'estret de Florida amb el seu fill de cinc anys. La travessia va acabar en desastre. La mare va morir i el nen va estar a la deriva dos dies fins que uns pescadors el van trobar i el van portar a Estats Units. Allà la família de Miami demana la custòdia del petit i el pare exigeix des de Cuba la seva tornada. El litigi és un pols entre Cuba i Miami amb la política migratòria nord-americana com a teló de fons. *Salvem Elián* [74] és la consigna del cartell que enarbora la manifestació milionària que clama per la seva tornada per l'Havana i que sintetitza el discurs construït sobre la diàspora cubana: un món alliè, hostil i del qual és necessari protegir-se.

Elián torna a Cuba al juny del 2000, després que la Cort Suprema d'Estats Units denegui a la família de Miami la seva darrera apel·lació per guanyar la custòdia del nen. La seva tornada és una derrota dolorosa per a l'exili, que aviat podrà compensar amb el cas dels cinc cubans detinguts a Miami. Es tracta d'agents secrets que van entrar a Estats Units amb identitats falses per infiltrar-se en organitzacions que actuen contra els interessos de l'Havana i desbaratar els seus plans. La fiscalia els acusa d'espionatge. L'exili de Miami farà tot el possible perquè el judici sigui un ajust de comptes amb el règim al qual representen els cinc agents. La fiscalia convenç el jurat que el propòsit dels acusats era atacar Estats Units i el càstig és brutal: tres cadenes perpètues, una pena de 19 anys i una altra de 15.

Quan Cuba denuncia les irregularitats del procés i la injustícia de les condemnes, la propaganda destaca el patriotisme dels cinc herois (el títol que reben del govern cubà), i exigeix la *Llibertat a la veritat i la justícia a Estats Units* [75]. Al 2003, les defenses presenten apel·lacions. Dos anys més tard es revoquen les sentències i es reconeix el dret dels cinc a tenir un judici just. Des d'aleshores Amnistia Internacional i la Comissió de Drets Humans de l'ONU denuncien el seu empresonament com una violació dels drets humans, però Estats Units mai no pren en consideració ambdues organitzacions.

A la fi de 2003, l'Oficina d'Interessos d'Estats Units llueix un avet nadalenc, ben visible des de l'exterior, coronat amb un 75, en referència al nombre de dissidents jutjats i empresonats durant la denominada 'Primavera Negra'. Denúncia subtil de vulneració de drets humans a Cuba que la propaganda respon poc després amb *¿Happy New Year?* [5] Instal·lada enfront de la representació diplomàtica, la tanca recorda les presons on es tortura els presoners iraquians i afganesos capturats per Estats Units.

Bush fill arriba a la presidència gràcies als vots de Florida. Aviat presumeix de la seva hostilitat cap a Cuba, que serà proporcional a l'atenció que la gràfica li dediqui. Al 2002 la inclou en la llista de països que formen part de 'l'Eix del Mal' per emparar terroristes. La reaparició de Posada Carriles a Estats Units ofereix a la propaganda l'oportunitat de parlar extensament sobre terrorisme. Al 2005, Posada Carriles queda en llibertat després de ser detingut per entrar il·legalment a Estats Units. La indignació de l'Havana per la negativa de Washington a extradir el cervell de l'atemptat de Barbados desemboca en una extensa campanya propagandística. El rostre escandalitzat de l'Estàtua de la Llibertat de *Què bàrbars!, han alliberat un terrorista* [76] és una de les seves obres més originals. El propòsit de la campanya és acusar Bush de terrorista per donar empara Posada Carriles. L'estratègia visual és reunir en el mateix disseny tots dos personatges, com en *L'assassí* [81], amb estètica d'anunci d'estrena cinematogràfica i en *Posada & Bush Company* [77]. *Full d'assassins* [79] juga amb el símil de la baralla de cartes que l'exèrcit nord-americà va elaborar perquè les seves tropes identifiquessin i capturessin els membres del règim de Sadam Hussein després de la Guerra de l'Iraq. Els naips de la tanca assenyalen els criminals als quals caldria detenir.

Des de 1962, més del *70% dels cubans ha nascut sota el bloqueig* [85]. Cap altre país ha sofert una pressió similar durant tant de temps. La propaganda sol tractar el tema com un acte genocida que Cuba resisteix victoriosament i les consignes acostumen a ser lacòniques i contundents, 'No al bloqueig', 'Resistir és vèncer'... Al 2006, Cuba exposa davant l'ONU el seu impacte en l'economia del país: 86 mil milions de dòlars. Arran de la quantificació del bloqueig, el contingut textual de la gràfica es renova i guanya en profunditat. *3 dies de bloqueig equivalen a la impressió de tots els llibres de text d'un curs escolar* [86] és un exemple de les diverses tanques que per primera vegada ofereixen dades concretes sobre les conseqüències del bloqueig a l'educació o la sanitat. Si la manera d'explicar el bloqueig canvia, també ho fa el relat de la seva resistència. *Però mai no podran prendre'm la música...* [89] forma part també d'una sèrie de tanques on la resposta col·lectiva al bloqueig s'explica a través de l'experiència individual, moltes vegades carregada d'emotivitat i lirisme. Els elements que actualitzen el discurs sobre el bloqueig, també estan presents en el tractament d'un altre tema destacat en la presidència de Bush: *el Pla Bush per a Cuba*.

Al 2003 la Casa Blanca elabora un informe que detalla les mesures per desmantellar el model social de l'illa i accelerar la transició cap a una economia de mercat i una democràcia homologada segons els criteris nord-americans. L'informe, que s'amplia en 2006, parla 'd'ajudar el poble cubà a recuperar la seva llibertat i prosperitat', però disfressa la determinació històrica de Washington d'acabar amb la Revolució. Com a resposta, la gràfica reafirma la sobirania cubana en *La llibertat no es pot bloquejar* [93], i frega l'insult quan proposa l'eliminació del correu de *w.bush.genocidio@plan.hp* [88], el domini del qual, 'plan.hp', no deixa dubtes sobre el seu sentit.

Les tanques instal·lades enfront de l'Oficina d'Interessos es desmantellen en la vigília de la presa de possessió d'Obama, que aviat planejarà per a l'illa una política diferent a la del seu predecessor. Amb l'excepció de les referències al bloqueig, la gràfica mural no torna a parlar del seu vell enemic.

★ ★ ★

60's

La determinació dels Estats Units d'acabar amb el règim de Fidel Castro marca els primers anys del procés revolucionari. Quan és evident que la pressió econòmica i el sabotatge no són suficients, Washington recorre a la invasió, però fracassa. La victòria de Playa Girón s'incorpora a les celebracions revolucionàries com també ocorre amb l'eradicació de l'analfabetisme. La propaganda fa de cada conquesta de la Revolució una derrota de l'enemic. Kennedy intensifica la guerra econòmica i decreta el bloqueig de l'illa. L'URSS instal·la a Cuba armament nuclear per dissuadir els Estats Units d'una nova agressió. Durant dues setmanes el món està a punt d'una guerra atòmica que es lliurarà a Cuba. Des de la gràfica s'insta la població a combatre i destruir l'enemic durant la Crisi dels Míssils. També en aquests anys la propaganda mural reflecteix la solidaritat cubana amb les lluites antiimperialistes al Tercer Món i denuncia l'agressió nord-americana al sud-est asiàtic.

70's

La denúncia de l'agreujament del conflicte de Vietnam i la celebració de Girón segueixen ocupant el seu lloc a l'agenda de la propaganda, que s'enriqueix com a reflex del paper que Cuba juga en la Guerra Freda. En l'ordre internacional, Cuba està alineada amb l'URSS. Combat amb èxit a Angola i Etiòpia i acusa els Estats Units de connivència amb la Xina en la seva agressió a Vietnam. El prestigi que adquireix entre els pobles del Tercer Món la porta a liderar el Moviment de Països No Alineats. Dóna suport als moviments d'alliberament nacional i promou la lluita contra la penetració ideològica de l'imperialisme en el món acadèmic. Però no deixa de patir els atacs del seu enemic. El cop més dur el rep a Barbados, quan un avió comercial cubà explota en ple vol i mor tot el passatge. Castro assenyala la CIA.

80's

El període de distensió que la presidència de Jimmy Carter havia inaugurat acaba amb la crisi migratòria de Mariel. Desenes de milers de cubans abandonen l'illa cap a Estats Units, mentre la propaganda els repudia cridant ¡que se'n vagin! L'anticomunisme de Reagan posa en guàrdia Cuba. La seva hostilitat cap a la Nicaragua sandinista i la invasió de Grenada convencen l'Havana de la possibilitat d'un atac nord-americà, sobretot quan l'URSS anuncia que en cas d'agressió no la socorrerà. La gràfica s'ocupa de denunciar les intervencions de Washington a Centreamèrica i el Carib, alhora que renova la seva retòrica bèl·lica en incorporar la caricatura i el sarcasme sense abandonar la imatge de l'enemic sempre derrotat i destruït i la seva seguretat en la victòria. La proposta de l'impagament del deute extern obre un altre tema de confrontació amb Estats Units, paradigma de l'ordre econòmic que Cuba condemna.

SAM IS NOT MY UNCLE

THE USA IN CUBAN POSTER AND BILLBOARD ART

Alfons González Quesada

English text

Foreword

The painstaking research of Dr. Alfons González Quesada has resulted in much more than a catalogue to accompany an exhibition. The pages and the images of this book portray the permanence of a discourse still ceaselessly bellicose and charged with symbolism. In Cuban political propaganda, activated since 1959, we can clearly decipher the ideological definitions that have underpinned the governments of Fidel Castro, until August 2006 when he delegated his functions to his brother Raúl Castro. The inhabitants of the Caribbean island have been the audience of the creative advertising campaigns of the Revolution, conceived to fortify its set of ideas and its very survival. Many of the messages and slogans coined over the years were actually directed at the country's permanent foreign enemy, the United States.

It was on March 10th, 1952 that Fulgencio Batista carried out a military coup with the support of the United States, initiating a dictatorship with all the classic ingredients of the manual of authoritarianism: repression, torture, death, and institutionalized corruption. At dawn on July 26th, 1953, a group of 150 young men decided to attack the Carlos Manuel Céspedes barracks in Bayona and the Moncada barracks in Santiago de Cuba. Although Fidel Castro Ruz failed in terms of military strategy in both attacks—52 guerilla fighters were killed and 18 more captured and imprisoned, the Castro brothers among them—he won a political victory that would serve him by making him known to the entire island during the trials of the guerilla which began on September 21st.

In the 1950s the Caribbean region witnessed the consolidation of dictatorships such as that of François Duvalier in Haiti (succeeded by his son Jean-Claude in 1971) and of the sanguinary "Generalissimo" Leónidas Trujillo in the Dominican Republic. In Guatemala, in 1954, the democratically elected president Jacobo Arbenz Guzmán would be overthrown in an operation designed by the CIA. In Colombia there was a military coup in 1953. A year later, in Paraguay, there was the coup by Alfredo Stroessner, who remained in power until 1989. In Argentina, Juan Domingo Perón was overthrown in 1955. In Honduras, in 1956, a military junta took power and two years later, in Venezuela, another junta deposed the dictator Marcos Pérez Jiménez. It was a decade marked by an escalation of tension in the Cold War waged by the two superpowers that had emerged from the end of the Second World War in 1945.

The turning point, the point of reencounter after fifty-five years of permanent conflict, took place, not without a certain surprise, with the announcement of the reestablishment of diplomatic relations between the United States and Cuba on Wednesday, December 17th, 2014, when presidents Barack Obama and Raúl Castro transmitted, at the same moment, from Washington, D.C., and Havana respectively, their willingness to initiate the thaw, the beginning of the end of the Cold War in the western hemisphere. For once, the political and diplomatic prudence of the two interlocutors, without filters, achieved the goal of an agreement that had been desired for many years. Some while later, on March 21st, 2016, the moment would come for Barack Obama to land on the island, raising the status of the agreement to the category of irreversible. Eighty-eight years had passed since the last visit of an American president, that of John Calvin Coolidge, the thirtieth to hold the office, on July 15th, 1928.

It is in this new open context of relations between the United States and Cuba that the Fundación Casa Amèrica Catalunya has proposed to work again with Professor Alfons González Quesada, in the aim of selecting on this occasion those messages specifically addressed to the United States by the official Cuban propaganda machine.

Sam Is Not My Uncle: The USA in Cuban Poster and Billboard Art is a faithful and objective reflection of the high degree of tension and verbal confrontation reached in the collision course between Cuba and the United States. The propaganda posters and billboards that have been part of the landscape of the island for decades are destined to disappear, to form part of the history of the conflict. Here at the Casa we believe the time has come, precisely now, to put them on display, accompanied by a cycle of debates and lectures which will bring together the old and the new reality of a future full of hope.

Our special thanks, for their collaboration and support, to Editorial RM and to brothers Javier and Ramón Reverté, as well as to the Cultural and Scientific Affairs Section of the Agencia Española de Cooperación Internacional al Desarrollo (AECID).

Antoni Traveria
General Director of the Casa Amèrica Catalunya

Introduction

Toward the end of 2008, just before the celebration of the fiftieth anniversary of the Revolution and a few weeks before Barack Obama's inauguration, the billboards were removed from the walls across from the United States Interests Section, the US diplomatic representation on the island. For almost thirty years, that enormous building on the Malecón in Havana had borne witness to the forcefulness and creativity of Cuban designers in denouncing Washington's policies against Cuba. Taking a look at the contents of their messages was always a good way to gauge the temperature of relations between the two countries. The removal of the billboards also contained a message: a gesture of good will toward the new occupant of the White House. The message continues today. No new anti-US billboard has been put up on the Malecón.

The Revolution that triumphed in 1959 sought to shake off the semi-colonial domination of the United States. It is worth recalling that, until 1934, the Cuban constitution granted Washington the right to intervene in the country in order to protect its interests and that, before the Revolution, the main sectors of the Cuban economy were in the hands of US companies. Given this background, the conquest of full sovereignty could only lead to confrontation. That confrontation has so determined circumstances in Cuba that it has become one of the core themes of its propaganda. For more than half a century, billboards and posters have explained different episodes of the conflict and have reserved a space for the depiction of the enemy, making it one of the principal elements of the imaginary of the Revolution. The enemy is not the people of the United States, as the Cuban authorities have always insisted on clarifying, but its government and the springs of power whereby it imposes its hegemony (military and economic power, control of the media, the Secret Service, etc.). 'Invader,' 'mercenary,' 'terrorism,' blockade,' genocide,' 'imperialism,' are some of the terms that that Cuban posters and billboards have used to designate the United States. There is no less diversity on the visual level: the American eagle, the Stars and Stripes, the US dollar, the Presidents, and what is doubtless the most common referent of all, the personification of the nation: Uncle Sam. Posters and billboards have reflected the struggle between hegemony and sovereignty; between Washington's efforts to destroy the Revolution and the determined tenacity of Cuba in resisting. Caricature, insults, accusations, condemnations, threats are some of the discursive strategies used to reaffirm the superiority of revolutionary values and principles and, to be sure, to convey confidence in ultimate victory.

The reestablishment of diplomatic relations and Obama's visit to Cuba shut down one of the last fronts of the Cold War. Apart from the political and economic consequences this is likely to entail, it probably puts an end to a certain kind of propagandistic content. *Sam Is Not My Uncle* seeks to explain the evolution of the discourse that Cuban propaganda developed with regard to the themes and episodes that have shaped relations between Cuba and the United States since 1959. The book includes images of the billboards and posters, organized chronologically and preceded by a brief introduction to make their context and meaning comprehensible. The graphic material comes from the archive of the Political Publishing Section of the Cuban Communist Party, with which the author has a collaboration agreement designed to preserve, disseminate, and make available for study this documentary heritage, as well as from his own private collection.

The '60s: This Time the *Mambises* Entered Santiago

"This time the *mambises* really did enter Santiago." It was with this veiled allusion to the United States that Fidel Castro announced the triumph of the Revolution. In 1898, following the Spanish defeat, US troops prevented the *mambises* of General Calixto García from entering Santiago and claiming victory. As on that occasion, Washington preferred to decide the future of the island, maneuvering until the last moment to save the Batista regime and to prevent Castro from coming to power. But on January 2nd, 1959, when Castro spoke of the triumph of the new *mambises* from the balcony of the Ayuntamiento de Santiago, the Cubans knew that the tutelage of their northern neighbor had come to an end. One of the first signs of change was the exit of the US military mission, the advisors who had been supposed to help Batista's troops defeat the guerilla columns. What good were they if the army had been beaten and broken up?

The passage to sovereignty was in full swing. The nationalizations, the agrarian reform, and the expropriations of large agricultural properties, many of them under US ownership, alarmed the White House, which responded by freezing investment and the purchase of sugar. And if the economic siege was not enough, there was still sabotage. The most spectacular incident took place in March of 1960, when the merchantman *La Coubre*, freighted with arms and ammunition, exploded in the port of Havana. The funerals of the hundred or so victims provided two elements that would be employed repeatedly on future posters and billboards: the slogan *¡Fatherland or Death!* and the image of Che Guevara that would become a global icon.

On January 3rd, 1961, the tension increased. The two neighbors broke off diplomatic relations. Havana established close ties with Moscow, which was buying the sugar Washington had disdained and planning to provide the island with arms, military advisors, and technology. The White House did not stand idly by while a Caribbean branch of the Kremlin was set up. On April 15th, US warplanes bearing the Cuban flag bombarded military airports all over the island. It was the prelude to an invasion. On the following day, Fidel Castro accused the United States of aggression and proclaimed the socialist character of the Revolution. Kennedy ordered a plan to be executed that had been conceived by the CIA for his predecessor Eisenhower, which was to culminate in the landing at the Bay of Pigs of an expeditionary force made up of Cuban exiles. They were to set up, on the territory they came to control, a provisional government that would be recognized by Washington and then given support in the form of a military intervention. It was expected that the Cuban people and army would rise up in defense of the intervention. But the Cuban air force changed the script. The landing was carried out under heavy air fire that put the transport ships carrying equipment and ammunition for the ground forces out of commission. Kennedy's refusal to authorize the intervention of the Marines sealed the fate of the invasion. The Cuban victory at the Bay of Pigs was incorporated into revolutionary celebrations, with generous contributions from posters and billboards, which insisted on pointing out that the hand of Washington had been guiding the mercenaries from behind the scenes. *The first defeat of imperialism in the Americas* [18, 19] would become the recurring slogan of the propaganda about the episode.

Photography, which has left a testimony to those days, provided images that would inspire new designs. One of the best-known, captured by Mario Collado, shows Fidel Castro climbing down from a tank. The image was used for the first time on a poster celebrating the sixth anniversary of the victory [19]. Other examples, no less emblematic, are the image of the smoking freighter *Houston*, run aground in the bay after having been disabled by Cuban air fire, and the one of lines of captured mercenaries. Both of these images served as the nucleus of future designs that commemorated the US defeat at Playa Girón.

Kennedy did not relent in his efforts to finish off the Cuban regime and its leader. He soon authorized Operation Mongoose, a code name for covert operations developed by the CIA. On the diplomatic front, he convinced the OAS to expel Cuba, thereby isolating it from the rest of the hemisphere. By February of 1962 the siege was complete, with the establishment of the economic, commercial, and financial embargo. No US company could thenceforth do business with Cuba. As we shall see, the blockade would occupy an important place in Cuban propaganda.

The propaganda about the Bay of Pigs is charged with warlike rhetoric. Slogans like *Death to the invader!* [9] and *Destroy the enemy!* [10] exemplify the verbal violence of the compositions of the time, prolonged in the visual aggressiveness of the human figures. Another outstanding example is the poster by Forjans: *Wherever he peeks out is where he'll remain!* [16], in which a rifle cradled in a muscular arm is aimed at a menacing Uncle Sam in the distance. The discourse that emerged from the Bay of Pigs would continue in the designs provoked by the Cuban Missile Crisis of October 1962. But before dealing with that episode, we should look briefly at the Literacy Campaign.

By the end of 1961, the Revolution had fulfilled Fidel Castro's promise, made at the United Nations, to eradicate illiteracy within one year. The Cubans mobilized in massive numbers: more than 300,000 volunteers, most of them students, taught almost 700,000 of their compatriots to read. The campaign was carried out all over the country. Nothing slowed it down: neither the Bay of Pigs nor the acts of terrorism aimed at instilling fear in the young teachers. In homage to the first volunteer who was assassinated, the literacy brigades bore the name of Conrado Benítez. *Against Yankee imperialism, learning to read!* [8] was the slogan of the central poster of the campaign, which showed a volunteer mortally wounding the American eagle with his pencil. The symbolism of the composition turned about the confrontation between Cuba and the United States. The most curious thing was that, from then on, Cuban propaganda would interpret the social, political, and economic conquests of the Revolution not only as Cuban victories, but as so many defeats of its enemy.

To return to the October Crisis of 1962. Cuba had taken its place definitively within the Soviet orbit, seeking to dissuade Washington from a new invasion behind the nuclear shield of the USSR. For Moscow, the installation of its nuclear warheads on the island was a counterweight to the US missiles aimed at the Kremlin from Turkey. Cuba's geographical location made it a vital piece on the chessboard where the two superpowers were playing the game of the Cold War. Kennedy, alerted by evidence that missile launch facilities were being built on Cuba, declared a naval blockade of the island in order to prevent it from receiving nuclear arms. For two weeks, the world was on the brink of atomic war, until Kennedy and Khrushchev resolved the crisis. Moscow failed to consult with Havana about withdrawing the missiles, leading thousands of slighted Cubans to chant in the streets: *Nikita mariquita, lo que se da no se quita* ("If you give it, don't take it back," preceded by a homophobic slur). The tone was very different from that of the posters designed in the days when it was thought the island would become the battleground of the Third World War. The experience of the Bay of Pigs had demonstrated the need for "preventive posters": designs made in time of peace to respond to the contingency of any act of external aggression, encouraging the population to fight, to defend the homeland, and to maintain unity. Slogans such as *On a war footing* [12, 13] and *Alert!* [14] inundated the streets during the Missile Crisis, along with other posters produced around the same time, such as Quintana's: *We're all one* [7] and *To arms!* [15]. All of them shared concise, urgent messages and used large-format typography.

In line with its anti-imperialist vocation, Cuba put into practice one of the guiding principles of its policy toward the Third World: internationalism. This included both political and military support for national liberation movements and civilian aid in the fields of education and health care. In 1965 Cuba made a call to the peoples of Latin America, Africa, and Asia to combat imperialism, inviting them to the Tricontinental Conference to be held in Havana in 1966, where the Organización Latinoamericana de Solidaridad (OLAS) was founded, in the aim of coordinating the struggles of different leftist movements against capitalism. These were the years of Che Guevara's promise to create "two, three, many Vietnams" and of the campaigns of solidarity with the countries of Southeast Asia in the resistance to US aggression. Three-continent solidarity and the denunciation of imperialism also had its graphic art, the finest exponents of which were the compositions of the Organización de Solidaridad de los Pueblos de África, Asia y América Latina (OSPAAAL) and the student group Organización Continental Latinoamericana de Estudiantes (OCLAE). An example of the former is the poster by Mederos: *Solidarity with Vietnam Week* [22], which expresses the strength of Vietnamese resistance by means of the crumpled top hat of Uncle Sam. Belaguer's design for the OCLAE, *Continental day of support for Vietnam, Cambodia, and Laos* [23] shows President Nixon, responsible for the reescalation of the conflict in the region and with thousands of victims, according to the poster, lying heavy on his conscience. It was not the first time that a composition alluded to a US president. Even before the Bay of Pigs, *Stop... Mr. Kennedy, Cuba is not alone* had circulated, recalling Soviet willingness to come to Cuba's aid in the event of an aggression. Lyndon B. Johnson also appeared in a poster by Alfredo Rostgaard created for the documentary film *Hanoi, martes 13*. In this case, the bombs falling on Vietnam bear the face of the US president.

The '70s: Combatting the Enemy

More than ten years into the revolutionary process, the discourse of Cuban propaganda was firmly installed in the rhetoric of confrontation. Cuba was *combatting the enemy* [25]. The attacks on the island would not cease, suggests a poster from 1970: *They can sink our boats, but not our conscience* [24]. Around this time, Alpha 66, a Miami-based terrorist group, had sunk two vessels of the Cuban fishing fleet. But the hardest blow was still to come.

In this context of confrontation, the Bay of Pigs was recalled with lacerating visual violence. The annihilation of the enemy was summed up in the toothless skull of an enemy combatant [32], the severed hand of a mercenary [35], or the head of the Statue of Liberty impaled on a bayonet [36]. The Bay of Pigs was also a triumph that allowed Cubans to transform their country radically, as explained in the image that declared: *Once the Yankees are destroyed, we will construct a country ten times more beautiful* [26]. Yet another message was concealed behind the allusion to the victory at Playa Girón. The reference to "ten" is not insignificant, since the work was published in 1970, the year of the ten-million-ton harvest.

Cuba was the world's sugar producer and, until the Revolution, had been the main supplier of sugar to the United States. The loss of the US market following the nationalization of the sugar cane mills had not been as serious for the industry as the embargo, which prevented it from acquiring spare parts for the mills, reducing production to less than the five million tons of 1958. Nevertheless, the government was confident that sugar could be the springboard to lift Cuba out of underdevelopment. An extraordinary harvest would generate a surplus with which to acquire the foreign currency to drive the industrialization of the country and diversify its economy. A spectacular harvest of ten million tons was what was needed for 1970. "Let's go for ten million!" was the rallying cry that hundreds of thousands of volunteers participating in the harvest would read on posters and billboards. The success of the harvest, like that of the literacy campaign, would be another setback for the enemy. Hence the poster that read *The ten million, bang!* [27], with the Stars and Stripes in shreds. But the "bang!" remained an unfulfilled wish. In spite of all the efforts and the virtual paralysis of the other industrial sectors, just a little more than eight million tons was achieved.

The struggle against the enemy was waged on various fronts, because the enemy was the same, though it took different forms. One of them was cultural hegemony, ideology. Among the objectives of the student organization OCLAE, created in 1966 in Havana (the capital in those years of the anti-imperialist struggle in the Third World), was to check the ideological penetration of imperialism in the academic world, and it used visual art to make its objectives known. Its posters for the congress *Against imperialist penetration in the universities* [28, 29] always identified the United States as the enemy, at times through the American eagle flying over the university, at times through representations of the economic power wielded by academic discourse.

Allusion was made above to the hardest blow received by Cuba in those years. It happened on October 6th, 1976, when two explosives went off on a Cubana de Aviación DC-8 shortly after it had taken off from the airport in Barbados. All seventy-three people on board were killed. Two Venezuelan passengers who had gotten off the plane in Barbados were directly responsible for the attack. Under interrogation they accused Luis Posada Carriles and Orlando Bosch of having planned it. The police found proofs that confirmed the accusation and, almost at the same time, the FBI learned that the blow had been the work of CORU (Comando de Organizaciones Revolucionarias Unidas), an anti-Castro group headed by Posada and Bosch, two Cubans who, in addition to sharing a long history of sabotage and terrorist acts, were former CIA agents. Mysteriously enough, Orlando Bosch was acquitted two years later and deported to the United States, where in 1990 President George H. W. Bush pardoned him. (It may be recalled that Bush the elder had been the director of the CIA in 1976.)

A few days after the attack, hundreds of thousands of Cubans filled the Plaza de la Revolución in Havana to bid farewell to the victims. In his speech, Fidel Castro accused the CIA of being behind the crime. Two billboards appeared at the time in reference to the attack. In both of them, the absence of iconic elements highlights the text, which appears against a black background: *CIA assassins!* [*1*] and *When a virile, energetic people weeps, injustice trembles.* The latter phrase was taken from Castro's speech and would be reused in the future, when Cuban poster art devoted another chapter to Posada Carriles [78].

The conflict in Vietnam remained on the propaganda agenda, which tended to alternate solidarity with the peoples suffering US aggression and denunciations of Nixon as a war criminal. Identifying Nixon with Hitler was the strategy employed by Álvarez in his poster [39] accusing the US president of genocide. The swastika accompanying both figures underlines the message. The Cuban press of the time also used the Nazi symbol to demonize Nixon, always changing the "x" in his last name into a swastika. The same idea would be used sporadically in posters and billboards depicting the younger Bush.

Two years after the triumph of the Revolution, Cuba had participated in the founding the Non-Aligned Movement. The organization was born out of the breakdown of the colonial system and was opposed to any kind of foreign domination or interference. In 1979 Castro was the Secretary General of the Movement and Cuba hosted the sixth summit. The Cuban propaganda machine did not let an event of this magnitude escape, demanding an *end to the oppression of Yankee imperialism in Latin America* [45, 46]. But the anticolonial struggles made it impossible for the Movement to escape the dynamic of the Cold War. The supposed equidistance it was supposed to maintain from the two superpowers melted away, especially when Cuba led the organization. Since 1975, Cuban troops had been fighting in Angola and Havana's foreign policy toed the Moscow line. This earned it the accusation of being a Third World pawn in the service of the Kremlin. The compositions aimed at denouncing Chinese aggression in Vietnam need to be understood in this context. Toward the end of 1978, Vietnam, an ally of the USSR, occupied Cambodia in order to put an end to the genocidal regime of the Khmer Rouge, and Beijing, which had been protecting the regime, responded with an incursion into Vietnamese territory. One element stands out in the Cuban posters devoted to this forgotten conflict: the initials of the United States [44]. Cuba not only denounced the Chinese aggression, but also the support of the White House and its collusion with its communist ally for the purpose of checking the expansionism of a common enemy in the region, the USSR.

The '80s: Let Them Leave!

On April 1st, 1980, six people crashed a bus into the fence of the Peruvian embassy in Havana. They burst into the compound and requested political asylum. When the Peruvian authorities granted the request, Cuba withdrew its personnel protecting the entrance to the compound and within a few days more than ten thousand people were occupying the embassy. They wanted to leave the country. The episode reflected the discontent of a part of the population, but at the bottom of the matter was the US immigration policy with respect to Cuba. Since 1996, when Congress had passed the Cuban Adjustment Act to regularize the situation of those who had fled the Revolution, Washington had been restricting modes of legal immigration from Cuba, even as it granted residency, social security, and political asylum to any Cuban that arrived in the country. An open invitation, in short, to leave the island illegally.

When Cuba decided to open the port of Mariel and allow anyone to go who wanted to, the Cuban community in Florida established a maritime bridge known as the "Freedom Flotilla." The Carter administration, fearing a migratory avalanche, was opposed to the influx of refugees, but finally yielded to the facts on the ground. In four months more than 120,000 people arrived in Florida. In Cuba, the crowds parading through Havana on May Day demonstrated their adhesion to the Revolution and their repudiation of those abandoning the island. Posters and billboards used insults to stigmatize the *marielitos*. They were branded scum, delinquents, anti-social, and though the brunt of the attacks were borne by the

Cubans who betrayed the Revolution, the United States also came in for its share. "Let them leave!" was the rallying cry those days, soon appearing on posters and billboards. In one of them [48], the *marielitos* are depicted as rats and bedbugs swarming amidst the filth of a trash can, whose colors and dollar symbol represent the United States, the destination of those fleeing the country. The symbolic lynching is depicted again on an untitled billboard where Uncle Sam, like the Pied Piper, cleans out Cuba, leading away all the vermin attracted by the tune of money [*2*].

While the Mariel crisis was at its peak, some military maneuvers were scheduled to be performed off the coast of Cuba, with a landing at the naval base of Guantánamo included. Havana protested against what it considered a provocation and put its troops on alert. The rhyming slogans *Fidel aprieta que a Cuba se respeta* (Fidel, keep up the pressure: Cuba deserves respect!) [53] and *Fidel seguro a los yankis dale duro* (Fidel, for sure: give it to the Yankees!) [55] were two of those chanted to celebrate the suspension of the maneuvers.

Months after the Mariel boatlift ended, in 1981, an epidemic of dengue hemorrhagic fever broke out on the island. The first cases appeared simultaneously in places located far apart from one another and, within a few weeks, 150 people had died. Havana accused the United States of having introduced the infectious virus into the island. Posters and billboards took up the accusation with the design of a dengue-bearing mosquito superposed onto the anagram of the CIA, beneath the forceful caption: *We will eradicate it* [*3*].

The Republican Ronald Reagan occupied the White House in 1981, determined to combat the communist menace worldwide. Cuban propaganda responded with a caricature showing Uncle Sam fleeing in fright from a pointed bayonet, with a phrase that would be popular in other designs as well: *We have absolutely no fear of them* [56]. But the hostility of the United States towards Nicaragua and Grenada, regional allies of Cuba, convinced Havana of the possibility of a large-scale aggression. If it were to happen, the propaganda declared, it would definitely be the end of the enemy. *They shall not pass* [57], *We'll make them bite the dust of defeat* [65], *We'll defend every inch of this land* [60]. The slogans recalled the days of the Missile Crisis, although in some cases the reasons had been refurbished. The return to the bellicose rhetoric of former days was in consonance with the so-called War of the Whole People, the new defensive strategy devised in Cuba once the Kremlin had ruled out the possibility of intervening in the event of an invasion of the island.

The prelude to what might be an attack on Cuba took place in October 1983, when the United States invaded the island of Grenada. US Marines and Cubans (mostly construction workers who were building an airport in the capital) fought for the first time since the triumph of the Revolution. Safeguarding the stability of the country and protecting US citizens were Washington's pretexts for intervening and putting an end to the pro-communist regime on the island. The image of Uncle Sam with his hands cut off and the slogan *Yankee hands out of Central America and the Caribbean!* [59,58] summed up the Cuban indictment of US interventionism in the region. A propaganda exercise that would be repeated in late 1989 with the invasion of Panama.

Cuba also denounced other forms of violence, such as the indebtedness of the Third World, which subordinated its development to the interests of the great powers. When several Latin American countries defaulted on their external debts in the 1980s, Havana tried to form a common front in obtaining an indefinite moratorium on the payment of the debts, but none of the governments followed suit, turning a deaf ear to the popular mobilizations and campaigns against the austerity measures proposed by the IMF and the World Bank. In the poster *Unity in the face of the external debt* [63], the US dollar is the symbol that evokes the pillaging suffered by the Latin American economies.

The '90s: You Can't Mess with Us

Another kind of war had begun in 1985, when the Reagan administration created Radio Martí. Washington financed the broadcaster and put it into the hands of the Cuban American National Foundation, which, since its founding in 1981, had never concealed its intention to destroy the Revolution. Through Radio Martí, broadcasting from Miami, the Foundation sought to flood Cuba with anti-Castro propaganda and break the government monopoly of information on the island. Havana managed to block the broadcasts in Cuba, but that did not deter the efforts of the White House or of the Cuban exiles, who in 1990 renewed the assault with the creation of Televisión Martí. The aims were the same, though in this case the signal was broadcast from a hot-air balloon flying 3,000 meters high off the Florida keys. Again, Havana managed to interfere with the signal and frustrate the airwave attack. The failure of the US endeavor is told in *Another one backfires* [68], in which a disconcerted Uncle Sam looks haplessly at a blank television screen.

It was 1989 and the government in Havana was preparing for the arrival of Gorbachev, aware that every communist regime he visited tended soon thereafter to totter and fall. Such were the corrosive effects of the *perestroika* that Castro politely rejected. What could not be avoided was Moscow's decision to reduce its economic and military aid. The USSR was losing the Cold War and the shock waves of its collapse would soon rattle Cuba. In 1991 the Revolution entered its most critical stage, the "special period in time of peace," which is to say: scarcity and restrictions of all kinds in a context of international isolation. Without the umbilical cord of the Eastern Bloc countries, Cuba was more of an island than ever, and the Castro regime seemed to be approaching its end. Washington was rubbing its hands in anticipation. It was confident that with just another turn of the screw of its policy of economic suffocation, the regime would fall and the island return to the fold that it should never have left. The atmosphere of a fortress under siege in Cuba gave full meaning to the slogan "to resist is to overcome." In the face of the enemy threat, the defense of revolutionary conquests and principles could only be guaranteed by unity, because *unity makes us indestructible* [69]. The main conquest in danger was the sovereignty of the nation, whose defense to the last was made clear in messages on posters and billboards such as *You can't mess with this people* [67], *We want no masters here* and *I make the rules in my own house*.

The first turn of the screw came in 1992, when Congress passed the Cuban Democracy Act, also known as the Torricelli Act, yet another piece in Washington's machinery of economic warfare. The law had two novelties: it extended the prohibition on doing business with Cuba to subsidiaries of US companies in third countries and it set barriers to Cuban foreign trade by requiring ships that transported goods to the island to wait for six months before entering any US port. In other words, a reinforcement of the blockade, a strangulation that the Cuban exiles applauded unreservedly. In *Here, steadfast, certain* [4], the fist of Cuba squashes a *gusano* (the Cuban exiles were referred to as 'worms') holding up a sign bearing the name of Congressman Torricelli.

The incident of the Brothers to the Rescue planes would be the pretext for yet another turn of the screw. In 1995 the Miami-based exile organization, which claimed to help people wishing to abandon the island, repeatedly violated Cuban air space and even dropped anti-government propaganda leaflets on Havana. In February 1996 Cuban fighter planes challenged two Cessnas, which ignored the warnings and were shot down. Both pilots were killed and the incident offered the Clinton administration an excuse for once more reinforcing the blockade. Just a month later, the Helms-Burton Act was passed. The law's stellar measure was to deprive Cuba of foreign investment by sanctioning foreign companies that did business in the United States for establishing commercial ties on the island. Cuban propaganda was quick to respond, denouncing the blockade as a *genocide against Cuba* [71]. More elaborate were the designs that played with the names of the congressmen who had sponsored the new law (Helms and Burton). In one of these, they are joined by a swastika and depicted as the nauseating stench that rises from a urinal with the colors of the Stars and Stripes. In another, they are seen from the back, forming part of the slogan of the billboard *Cuba is not for sale* [72].

On the diplomatic front, the United States insisted on accusing Cuba of failing to respect human rights, even obtaining the backing of a UN commission charged with investigating the matter in its condemnation of the Castro regime: a maneuver aimed at undermining the international prestige of the country. By human rights, Washington meant civic and political rights, judged by the standards of liberal democracy that Havana did not share, giving precedence as it did to social rights. The billboard *Rights. The people bear witness* [73] exemplifies the contrasting interpretations of the matter by the two countries.

The '00s: Freedom Cannot Be Blockaded

Elián González was the most famous child in Cuba, and probably in the world. He had been the victim of the "wet feet, dry feet" immigration policy that Washington had applied since the crisis of the Cuban "boat people" had begun. Those intercepted on the sea (with "wet feet") were repatriated, while those who managed to make it to the United States (with "dry feet") were accepted as political refugees. The Russian roulette of illegal emigration did not discourage Elián's mother, who decided in 1999 to cross the Florida Straits with her five-year-old son. The crossing ended in disaster. Elián's mother died and he was adrift for two days until some fishermen found him and took him to the United States. There, relatives in Miami requested custody of the boy, while his father in Cuba demanded his return. The legal question turned into an arm-wrestling match between Cuba and Miami, against the backdrop of US immigration policy. On the Malecón in Havana, thousands of demonstrators hoisted up banners reading *Let's rescue Elián* [74], which encapsulated the official discourse regarding the Cuban diaspora: a hostile, alien world from which you needed to protect yourself.

Elián returned to Cuba in June 2000, after the Supreme Court of the United States rejected the Miami relatives' last appeal to win custody of the child. His return to Cuba was a painful defeat for the exiles, who were nevertheless soon able to even the score with the case of five Cubans arrested in Miami. These were secret agents who had entered the United States under false identities in order to infiltrate the organizations acting against Havana's interest and to undo their plans. The district attorney charged them with spying. The Miami exiles were to do everything they could to make the trial a settling of accounts with the regime that the five agents represented. The prosecution convinced the jury that the agents' intention was to attack the United States and the punishment was exemplary: three life sentences and two others of nineteen and fifteen years each.

As Cuba denounced the irregularities of the trial and the harshness of the sentences, propaganda highlighted the patriotism of the five heroes. This was the designation they received from the Cuban government, which demanded *Freedom for truth and justice in the United States* [75]. In 2003, the defense appealed. Two years later, the sentences were revoked and the right of the five defendants to a fair trial was acknowledged. Since then, Amnesty International and the United Nations Commission on Human Rights have denounced their incarceration as a human rights violation, but the United States has paid no heed to either organization.

Toward the end of 2003, the United States Interests Section was adorned with a Christmas tree, easily visible from without and crowned with a "75" in reference to the number of dissidents put on trial and imprisoned during the so-called Black Spring. A subtle denunciation of human rights abuses in Cuba to which the propaganda soon replied with *Happy New Year?* [5] Installed across from the Section, the billboard recalled the prisons in which Iraqi and Afghan prisoners captured by the United States military were tortured.

George W. Bush was elected president thanks to the votes of Florida. He soon manifested his hostility towards Cuba, which would be proportional to the space he was given on posters and billboards. In 2002 he included Cuba on the list of countries that belonged to the "axis of evil" for harboring terrorists. The reappearance of Posada Carriles in the United States offered Cuban propaganda the opportunity to talk extensively about terrorism. In 2005, Posada Carriles was released, after having been detained for entering the United States illegally. Havana's indignation at the US government's refusal to extradite the mastermind of the Barbados bombing was reflected in an extensive propaganda campaign. The scandalized face of the Statue of Liberty in *Unbelievable! They have freed a terrorist* [76] makes for one of the most original works of its kind. The aim of the campaign was to accuse Bush himself of terrorism for protecting Posada Carriles. The visual strategy was to include both figures in the same composition, as in *The assassin* [81], with its movie poster esthetic, or *Posada & Bush Company* [77]. *Assassins' full house* [79] played on the deck of cards the US Army had distributed to its troops to help them identify and capture members of the regime of Saddam Hussein following the war in Iraq. The cards on the billboard show the real war criminals that should be hunted down.

Since 1962, more than *70% of Cubans [have been] born under the blockade* [85]. No other country has undergone such pressure for so many years. Cuban propaganda has tended to treat the matter as an act of genocide against which Cuba has victoriously resisted. The slogans tend to be forceful and laconic: "No to the blockade," "To resist is to overcome".... In 2006, Cuba presented a report to the UN on the impact on its economy: 86 billion US dollars. In the light of this quantification of the blockade, the textual content of the work gains in depth. *3 days of blockade is equivalent to the printing of all the textbooks for a school year* [86] is an example of the billboards that, for the first time, offer concrete facts about the consequences of the blockade on education and health care. *But they will never be able to take away my music* [89] also belongs to a series of billboards in which the collective response to the blockade is explained through individual experience, often charged with emotion and lyricism. The elements that bring the discourse regarding the blockade up to date are also present in the treatment of another stellar theme of the Bush presidency: the Bush Plan for Cuba.

In 2003 the White House drew up a report detailing measures to dismantle the social model of the island and accelerate the transition to a market economy and a democracy modeled on US lines. The report, which was expanded in 2006, spoke of "helping the Cuban people recover their freedom and prosperity," but it disguised Washington's historical determination to finish off the Revolution. In response, Cuban propaganda reaffirmed the sovereignty of the people in *Freedom cannot be blockaded* [93] and skirted direct insult when it proposed the elimination of the email address *w.bush.genocidio@plan.hp* [88], where the domain name "plan.hp" leaves little doubt as to its meaning.

The billboards set up across from the United States Interests Section were taken down on the eve of the inauguration of Barack Obama, who would soon be planning to implement a different Cuban policy than that of his predecessor. With the exception of references to the blockade, Cuban visual propaganda has hardly mentioned its old enemy again.

The '60s

The US determination to get rid of the Castro regime marked the first years of the revolutionary process. When it became obvious that neither economic pressure nor sabotage would suffice, Washington turned to military intervention, but it failed. The Cuban victory at the Bay of Pigs, or Playa Girón, as it is known in Latin America, was incorporated into revolutionary celebrations. The first defeat of imperialism in the Americas would be the slogan repeated at its commemorations. Kennedy, intent on destroying the Revolution, began an economic war. The trade embargo would be a theme endlessly exploited by Cuban propaganda. The USSR installed nuclear missiles on Cuba in order to dissuade the United States from a new aggression. The belligerent rhetoric of the graphic art produced in connection with the Bay of Pigs was continued in the designs encouraging the population to combat and destroy the enemy during the Cuban Missile Crisis. Posters and billboards in those years also reflected Cuban solidarity with the anti-imperialist struggles of the Third World and denounced US involvement in Southeast Asia.

The '70s

The denunciation of the renewal of hostilities in Vietnam and the celebration of Playa Girón continued to occupy a place on the propaganda agenda, which became more active, reflecting Cuba's role in the Cold War. The country supported foreign national liberation movements and promoted the struggle against the penetration of imperialist ideologies in academia. Nevertheless, Cuba continued to receive attacks from its enemy. The sharpest blow was in Barbados, where a commercial airliner was blown up in flight, with all those on board being killed. Castro pointed to the CIA. At the international level, Cuba aligned itself with the USSR. Cuban troops fought successfully in Angola and Ethiopia and Cuba accused the United States of collusion with China in its aggression against Vietnam. Cuba's prestige in the Third World made it a leader among non-aligned countries.

The '80s

The period of distension that had begun during the Carter administration was cut short by the Mariel boatlift. The repercussions of this event can be observed in the propaganda, which also renewed older themes such as the blockade. Reagan's anti-communism put the island on alert. His hostility toward Sandinista Nicaragua and the invasion of Grenada convinced Havana of the possibility of a US intervention, especially when the USSR announced that, in the event of an aggression, it would not come to Cuba's aid. Posters and billboards denounced US interventions in Central America and the Caribbean, renewing its warlike rhetoric through the incorporation of caricature and sarcasm, without abandoning the image of the destroyed, defeated enemy and its own confidence in victory. The proposal to default on its external debt was another bone of contention with the United States, a paradigm of the economic order that Cuba rejected.

The '90s

No end to the siege. Washington created Televisión Martí in order to flood the island with anti-Castro propaganda, but Havana managed to interfere with the signal. What it could not prevent was the USSR's defeat in the Cold War and its subsequent disintegration. Without the economic and military aid of the Eastern Bloc, the most critical period of the Revolution began, the "special period in time of peace." Widespread scarcity also affected the production of posters, which practically disappeared. Cuba was more insular than ever, and the United States was determined to precipitate the collapse of the regime by reinforcing the blockade. The Torricelli and Helms-Burton legislation buttressed the strategy of economic suffocation, denounced in posters and billboards as genocide. The siege atmosphere also pervaded the official discourse, with its calls for resistance and unity. Meanwhile, Washington insisted on continuing to harass Cuba, accusing it of failing to respect human rights. Havana replied by denouncing a double standard.

The '00s

Propaganda took up the contentious custody battle over Elián González, the "raft child." His return to Cuba was a painful defeat for the Miami exiles, soon revenged by the harsh sentences doled out to five agents who had infiltrated anti-Castro organizations in Florida. George W. Bush included Cuba in his "axis of evil," accusing it of supporting terrorism. Cuban posters and billboards responded with images of Iraqi prisoners tortured by US soldiers. The rhetoric heated up when Washington

refused to extradite Posada Carriles, the mastermind of the Barbados bombing, and the virulence continued with the condemnation of the Bush Plan to dismantle Cuba's political model and accelerate its transition toward a market economy. The hostility of the Bush White House also renewed the discourse against the blockade. With Obama's election to the presidency, however, references to the United States virtually disappeared from official propaganda.

Illustrations

- *CIA. Assassins!* DOR, 1976
- *[Uncle Sam the piper].* DOR, 1980
- *We will eradicate it.* DOR, 1981
- *Here, steadfast, certain,* 1992
- *Happy New Year?* Editora Política, 2004
- *Thanks, Mr. Bush, but we're already vaccinated!* Editora Política, 2006

The '60s

- Mario Masvidal. *Against Yankee imperialism, learning to read,* 1961.
- *Death to the invader!* Department of Revolutionary Instruction of the MINFAR, 1962.
- *Annihilate the enemy!* Department of Revolutionary Instruction of the MINFAR, 1962.
- *Death to the invader!* Revolutionary Orientation Commission (COR), 1962.
- *On a war footing.* COR, 1962.
- *On a war footing.* COR, 1962.
- Roberto Quintana. *We are all one.* COR, 1962.
- Jesús Forjans. *Alert!* COR, 1962.
- Roberto Quintana. *To arms*, 1962.
- Jesús Forjans. *Wherever he peeks out is where he'll remain!,* c. 1961.
- *We shall overcome! 3rd anniversary of the Revolution.* 1962
- *Girón, second anniversary.* COR, 1963.
- *Girón, sixth anniversary,* 1967.
- *Girón first defeat of imperialism in the Americas.* COR, 1969.
- René Mederos. *Solidarity with Vietnam Week.* OSPAAAL, 1968.
- Luis Belaguer. *Continental day of support for Vietnam, Cambodia, and Laos, 15th–21st October.* OCLAE, 1969.
- *Do you know the enemy? Discretion is a weapon,* circa 1965.

The '70s

- *They can sink our boats, but not our conscience or our flag.* COR, 1970.
- José Ramón Chávez . *Combatting the enemy.* CDR-MININT exhibition. COR, 1971. CDR (Defense of the Revolution Committees); MININT (Ministry of the Interior)
- Antonio Pérez 'Ñiko'. *Once the Yankees are destroyed, we will construct a country ten times more beautiful.* ICAIC, 1970.
- Salvador Corratgé. *The ten million. Bang!* UNEAC, 1970.
- Mario Sandoval. *Day against imperialist penetration in the universities.* OCLAE, 1972.
- *Day against imperialist penetration in the universities.* OCLAE, 1971
- *Girón.* COR, 1971.
- José Gómez 'Tito'. *Girón XI anniversary.* COR, 1972.
- *Eleventh anniversary of the victory at Playa Girón.* Political Division of the FAR, 1972.
- *USA: error of calculation. X anniversary of the victory at Girón.* COR, 1971.
- Antonio Pérez 'Ñiko'. *X anniversary of the victory at Playa Girón.* ICAIC, 1971.
- *Yankees, lumpen, delinquents, idlers, remember Girón,* circa 1975.
- *Girón victory sown in history.* COR, circa 1974.
- *Against every enemy action,* cederista *vigilance.* National Headquarters of the CDR, 1973.
- *CDR, FAR our mission to combat the enemy,* circa 1975. CDR (Defense of the Revolution Committees); FAR (Revolutionary Armed Forces)
- Luis Álvarez. *[Deck of cards with faces of Nixon and Hitler].* OCLAE, 1971.
- *Vietnam, I want the Yankees to get out of South Vietnam.* 1976.
- *Danger! Yankees on the loose. May Day,* circa 1971.
  On May 1st, 1971, activists against the war in Vietnam began a peaceful demonstration in the aim of paralyzing Washington for a week. Thousands of people were arrested.
- *V CLAE. Anti-imperialist unity is the tactic and strategy of victory.* OCLAE, 1973.
- *Anti-imperialist unity is the tactic and strategy of victory.* OCLAE, 1976.
- *Vietnam shall overcome.* DOR, 1979.
- Reinaldo Labrada. *End the oppression of Yankee imperialism in Latin America.* Preparatory Committee for the VI Summit (Non-Aligned Movement), 1979.
- *Puerto Rico. We condemn colonial domination,* 1979.

· *VI Cumbre. End the oppression of Yankee imperialism in Latin America. Preparatory Committee for the VI Summit (Non-Aligned Movement)*, 1979.

The '80s

· *Let them leave! Defense of the Revolution Committees*, 1980.
· René de la Nuez. *Clean-up. Eliminate their lair and food.* DOR, 1981.
· *Girón. First defeat of imperialism in Latin America*, circa 1980.
· Faustino Pérez. *Girón. The peoples of the Americas were a little freer.* Editora de Propaganda Gráfica, 1986.
· Francisco Masvidal. *It has had to be in silence*, 1981.
Poster designed on the occasion of the twentieth anniversary of the creation of the Ministry of the Interior. Its title comes from a famous Cuban television series of the time about the vicissitudes of an agent infiltrated in the United States.
· Eduardo Muñoz Bachs. *Fidel, keep up the pressure: Cuba deserves respect.* ICAIC, 1980.
· Rafael Enríquez. *Global solidarity with Cuba.* OSPAAAL, 1980.
· Antonio Pérez 'Ñiko'. *Fidel, for sure: give it to the Yankees.* Ministry of Culture, 1980.
· Roberto Figueredo. *We have absolutely no fear of them.* DOR, 1981.
· *They shall not pass.* Editora de Propaganda Gráfica, circa 1985.
· *We'll defend every inch of this land.* Editora de Propaganda Gráfica, circa 1985.
· *Yankee hands out of Central America and the Caribbean!*, circa 1983.
· *Out of Central America and the Caribbean.* OCLAE, circa 1983.
· *In the face of the blockade. Resist and overcome*, circa 1980.
· *Stop the aggression against our children*, 1984.
The Frente Continental de Mujeres contra la Intervención (Continental Women's Front against Intervention) was founded in Cuba in the aftermath of the US invasion of the island of Grenada.
· *Unity in the face of the external debt*, 1985.
· Roberto Figueredo. *I write and paint for you.* Casa Central MININT, 1985.
· *Fatherland or death*, 1980.
· *We'll make them bite the dust of defeat.* Editora de Propaganda Gráfica, circa 1985.

The '90s

· *You can't mess with this people.* Editora Política, 1990.
· *Another one backfires.* Editora Política, 1990.
· *Unity makes us indestructible.* Editora Política, 1991.
· *Girón. Victory always*, 1990.
· *[Cuba] is not for sale. Helms-Burton.* Editora Política, 1996.
· *Yankee blockade: genocide against Cuba.* Editora Política, circa 1997.
· *Rights. The people bear witness.* Editora Política, circa 1999.

The '00s

· *Let's rescue Elián.* Editora Política, 2000.
· *Freedom for truth and justice in the United States.* Editora Política, 2004.
· *Unbelievable! They have freed a terrorist.* Editora Política, 2005.
· *Posada & Bush Company. Injustice trembles.* Editora Política, 2007.
· *We demand justice! 30th anniversary.* Editora Política, 2006.
· *Assassins' full house.* Editora Política, 2005.
· *The assassin.* Editora Política, 2007.
· *[Bush + Posada Carriles = Hitler] Injustice trembles.* Editora Política, 2005.
· *There is no force capable of destroying the Revolution.* Editora Política, 2007.
· *The more you blockade me, the more I grow.* Editora Política, 2008.
· *Mister imperialists. We have absolutely no fear of you!* Editora Política, 2003.
· *70% of Cubans born under the blockade.* Editora Política, 2008.
· *3 days of blockade is equivalent to the printing of all the textbooks for a school year.* Editora Política, 2007.
· *Cuba blockade*, 2010.
· *Confirm elimination w.bush.genocidio@plan.hp*, 2006.
· *But they will never be able to take away my music...* Editora Política, 2007.
· *... the Bush Plan: It will take away the morning kiss and the handshake after school and the ever-malicious gaze.* Editora Política, 2007.
· *Long live free Cuba! Fascist Bush there is no aggression Cuba will not resist*, 2005
· *Imperialism no*, 2013.
· *Freedom cannot be blockaded. Bush Plan. There is no fear here.* Editora Política, 2006.

90's

El setge no s'atura. Washington crea Televisió Martí per inundar l'illa amb propaganda anticastrista, però l'Havana aconsegueix interferir el senyal. El que no pot evitar és que l'URSS perdi la Guerra Freda i s'enfonsi. Sense l'assistència econòmica i militar del bloc socialista comença l'etapa més crítica per a la Revolució, el 'Període especial en temps de pau'. L'escassetat general afecta també l'edició de cartells, que pràcticament desapareixen. Cuba és més illa que mai, i Estats Units està decidit a precipitar la seva caiguda endurint el bloqueig. Les lleis Torricelli i Helms-Burton s'afegeixen a la seva estratègia d'asfíxia econòmica, que la gràfica denuncia com a genocidi. L'atmosfera de fortalesa assetjada també impregna el seu discurs amb missatges de resistència i unitat. Washington insisteix a fustigar Cuba i l'acusa de no respectar els drets humans. L'Havana diu usar una vara de mesurar diferent sobre aquest assumpte.

00's

La propaganda reprèn el contenciós migratori amb el cas d'Elián González, el nen *balsero*. El seu retorn a l'illa és una derrota dolorosa per a exili de Miami, aviat compensada per les duríssimes condemnes per als cinc agents infiltrats en organitzacions anticastristes de Florida. Bush inclou Cuba en l'Eix del Mal, acusada de donar suport al terrorisme. La gràfica replica amb imatges de presoners iraquians torturats per soldats nord-americans. La virulència retòrica augmenta quan Washington es nega a extradir Posada Carriles, el cervell de l'atemptat de Barbados, virulència que continua amb la condemna del Pla Bush per desmantellar el model polític de l'illa i accelerar la seva transició cap a una economia de mercat. L'hostilitat de la Casa Blanca també obliga a renovar el discurs sobre el bloqueig. Les referències a Estats Units en la propaganda pràcticament desapareixen amb l'arribada d'Obama a la presidència.

Este libro compuesto con tipos
Berthold Akzidenz Grotesk y Block,
se ha diseñado e impreso en
Barcelona durante los meses
de Abril y Mayo de
2016